Gaosu Gonglu Jiaotong Fuwu Zhiliang Pingjia yu Youhua

高速公路交通服务质量评价与优化

苏杨珍　著

人民交通出版社股份有限公司
北　京

内 容 提 要

本书以高速公路交通服务质量评价为研究内容，运用交通工程理论、顾客满意理论、顾客行为理论，构建高速公路交通服务质量评价与分析模型，对山东省高速公路交通服务质量评价进行实证研究，以掌握使用者对高速公路交通服务的满意度现状和未来需求，为后续提升高速公路交通服务水平提供借鉴。

本书可供从事交通行业运营管理和规划建设的专业人员阅读参考。

图书在版编目(CIP)数据

高速公路交通服务质量评价与优化/苏杨珍著.—北京：人民交通出版社股份有限公司，2020.10

ISBN 978-7-114-15648-9

Ⅰ.①高… Ⅱ.①苏… Ⅲ.①高速公路—旅客运输—服务质量—研究—中国 Ⅳ.①F542.6

中国版本图书馆 CIP 数据核字(2019)第 122064 号

书　　名：高速公路交通服务质量评价与优化
著 作 者：苏杨珍
责任编辑：司昌静
责任校对：孙国靖　龙　雪
责任印制：刘高彤
出版发行：人民交通出版社股份有限公司
地　　址：(100011)北京市朝阳区安定门外外馆斜街 3 号
网　　址：http://www.ccpcl.com.cn
销售电话：(010)59757973
总 经 销：人民交通出版社股份有限公司发行部
经　　销：各地新华书店
印　　刷：北京虎彩文化传播有限公司
开　　本：787×1092　1/16
印　　张：10
字　　数：234 千
版　　次：2020 年 10 月　第 1 版
印　　次：2020 年 10 月　第 1 次印刷
书　　号：ISBN 978-7-114-15648-9
定　　价：59.00 元
(有印刷、装订质量问题的图书由本公司负责调换)

前　言

1932 年,德国科隆市修建了世界上第一条高速公路,从此高速公路对人类文明发展进步起着重要的推动作用,成为发展社会文明的主要手段和体现国家整体经济发展状况的重要指标之一。我国高速公路建设自 20 世纪 80 年代起步至今,发展迅速,极大地促进了经济增长。截至 2018 年年底,我国已建成通车高速公路 14.26 万公里,在历经几十年高速公路建设与经营中逐步与出行的需求贴近,但出行需求也是随着社会发展与进步不断变化的,对于现代高速公路建设者和经营者来说,关注服务质量、充分满足出行者的出行需求,可以更进一步推动高速公路高质量发展。

交通运输是国民经济发展的大动脉,高速公路以其高速、便捷、通达、低耗等特点在交通运输体系中起着重要的支撑作用。伴随着社会的进步,铁路、航空等交通运输方式使得居民的出行选择更加多样化,高速公路面临越来越激烈的竞争。随着经济的发展和思想的变革,人们的服务品质意识越来越强,因而对高速公路交通服务质量所提出的要求也越来越高,不仅要求"高速、通达",而且希望在这个过程中体验高质量的服务。交通运输业在快速发展的同时普遍存在"重建设、轻运营管理"的问题,表现为高速公路存在道路失修失养、运营管理水平低、频发各类交通事故以及拥堵等问题,高速公路服务水平偏低、服务质量有待提高。交通运输业逐渐朝着用户化方向发展,应不断升级优化需求结构、消费结构。对于民众来说,谁管辖道路或者哪个部门拥有管辖道路的哪些权限都无关紧要,安全、经济、舒适的出行环境才是最重要的,这是出行者对道路的基本需求[1]。

长期以来,我们对高速公路"量"的关注往往多于对"质"的关注,且由于竞争意识淡薄,忽视了服务质量的提高,无法很好地满足出行者对交通服务质量的需求。人们在旅行过程中的舒适度很大程度上是由途中的所遇、所见、所感决定的,因此,公共服务产品(如铁路客运和公路客运)的质量可以认为是影响旅客旅行心情的重要因素。高速公路作为一种公共服务产品,其运营需要的服务质量及使旅客满意的程度,已经引起了政府部门、交通管理部门、驾乘人员等社会各界的广泛关注。高速公路服务质量满足服务质量管理的一般特征,但作为一个包含收费站、服务区、道路通行、紧急救援、热线电话在内的综合性系统,它在具有一般服务特征的同时还具有其特殊性。随着使用者对高速公路交通服务质量的要求越来越高，如何评价高速公路交通服务质量成为交通运输行业必须面对的一道新难题。

本书前三章以高速公路交通服务质量评价为研究内容，运用交通工程理论、顾客满意理论、顾客行为理论，构建高速公路交通服务质量评价与分析模型，借助课题调研契机，以山东省为高速公路交通服务质量评价代表省份进行实证研究，掌握使用者对高速公路交通服务的满意度现状和未来需求，为后续提升高速公路交通服务水平提供借鉴。

本书在总结国内外研究现状及实践经验的基础上，阐述了服务质量满意度评价的内涵与基本模型，结合高速公路交通服务的特点，从高速公路规划、建设、路政管理、养护、收费、出行服务等六个评价领域出发，基于感知质量、感知价值、用户期望、用户满意度、用户信任、行业形象等六个维度建立服务质量满意度评价指标体系，给出了交通服务质量满意度计算模型，并提出基于四分图和结构方程的高速公路交通服务质量满意度分析方法。本书提出了高速公路交通服务质量满意度调查方法，并设计了对应数据分析软件的问卷编码方式。本书结合山东省实际调查数据的统计分析，对山东省高速公路六个评价领域的交通服务质量满意度进行评价，得到交通服务总体满意度。从六个评价领域和调查对象两方面分析交通服务质量满意度的差异性特征，并通过四分图分析高速公路交通服务质量满意度的重要影响因素；利用结构方程分析各评价领域潜变量间的相互关系，以期为我国高速公路规划、管理、养护等领域满意度提升策略的制订提供理论参考。

本书第4、5章从企业战略管理角度，依托我国新旧动能转换的契机，提出高速公路交通服务质量提升的企业战略和物联网基础上的智慧高速公路建设任务。通过对机会、威胁、优势、劣势(SWOT)进行匹配分析，找出高速公路企业目前存在的主要问题以及影响用户满意度的主要因素，提出高速公路企业发展的多元化战略协同发展方向，通过建立高效协作机制、搭建基于物联网的综合服务平台等，形成以实现社会效益和经济效益最优的用户满意度提升策略的实施方案，从收费站、服务区、养护、运行、综合信息等方面提出优化建议，辅以人员培训、激励机制等配套措施，以期从根本上改进服务效果、提高服务管理水平，确保高速公路交通服务质量的提升与优化。

本书的出版得到了人民交通出版社股份有限公司相关编辑的大力支持，衷心感谢出版社各环节工作人员的热情帮助和辛勤付出！书中的诸多不足之处，恳请各位同仁、学者予以批评指正！

编　者

2019年3月20日

目　录

第1章　研究概述 …… 1
1.1　研究背景 …… 1
1.2　国内外研究现状 …… 2
1.3　高速公路交通服务概念界定 …… 5
1.4　企业发展战略理论基础 …… 6
第2章　高速公路交通服务质量评价方法的设计与调查 …… 10
2.1　交通服务质量满意度测评模型 …… 10
2.2　调查领域、评价点与对象 …… 11
2.3　调查问卷设计 …… 15
2.4　调查方法及抽样率 …… 17
2.5　公路交通服务社会满意度评价方法 …… 18
2.6　实地调查 …… 20
第3章　交通服务质量调查结果分析——山东省高速公路交通服务满意度评价 …… 21
3.1　调查对象特征统计分析 …… 21
3.2　山东省高速公路服务质量总体满意度与分领域满意度 …… 28
3.3　各市满意度调查结果与分析 …… 40
3.4　交通服务质量调查结果与分析 …… 50
3.5　山东省公路交通服务质量现状及问题分析 …… 77
第4章　高速公路企业战略分析与服务质量提升 …… 85
4.1　高速公路企业经营现状 …… 85
4.2　高速公路企业波特五力分析 …… 90
4.3　高速公路企业发展SWOT分析 …… 92
4.4　高速公路企业发展战略方向选择与服务质量提升策略 …… 99
第5章　新旧动能转换背景下高速公路服务质量优化 …… 104
5.1　新旧动能转换的内涵 …… 104
5.2　实现新旧动能转换的战略意义 …… 105
5.3　科技创新与新旧动能转换的辩证关系 …… 107
5.4　新旧动能转换背景下高速公路智慧交通构建与服务质量的提升 …… 107
附录 …… 121
参考文献 …… 153

第1章 研究概述

1.1 研究背景

交通运输业是现代服务业的重要组成部分，是贯彻落实科学发展观，推动行业科学发展的重要领域。如何评价现代交通业发展是摆在交通运输管理部门的一道新课题。由于交通运输服务涵盖的范围较大，包括公路（水路）基础设施服务、公路（水路）客运服务、公路（水路）货运服务、交通信息服务等内容，对于不同的内容，其评价模型、评价体系和评价方法是相同的，区别仅在于调查点和调查问题的不同，所以本书根据国内外通用做法，选择公众满意度来衡量现代交通运输业发展，主要选取公路基础设施服务社会公共满意度作为研究对象，探讨构建公路交通服务社会满意度的评价模型、评价方法，并进行实证研究；旨在客观衡量我国公路交通满足经济社会发展的水平，准确把握社会民众对公路交通满意现状，主动探寻公路交通服务社会发展规律，为提高公路交通服务社会满意度水平服务。

交通运输业是现代服务业不可或缺的环节，发挥着支撑城市产业结构调整、促进经济快速发展、协调城乡一体化等重要作用。高速公路交通作为目前我国交通运输体系的重要组成部分，其承担着提供区域间便捷出行服务、促进区域间产业融合及经济发展等重大社会作用。随着高速公路建设的飞速发展，截至2018年年底，全国公路网规模达到484.65万公里，其中高速公路通车里程14.26万公里，位居世界第一位。在高速公路建设和运营管理过程中，也存在着重建设、轻管理的现象，使得高速公路运营管理水平与高速公路建设速度严重脱节，导致整体服务水平不高，这主要体现在高速公路规划、施工建设、养护管理、路政管理等方面。

交通运输转型升级发展的实践经验表明，必须将提高使用者的满意度作为交通发展的出发点，重点放在与使用者息息相关、紧密联系的服务水平提升上，促进交通运输转型升级、提质增效。对于高速公路交通服务领域来说，重点是进一步扩大高速公路服务范围，丰富服务内涵，增加服务形式，同时，确保服务效率，规范服务流程，使得服务能力、服务水平得到有效提高，使民众满意及认可度得到有效提升。因此，如何建设令人民满意的交通，怎样掌握使用者对高速公路交通服务的满意度，进一步明确制约高速公路交通服务质量的关键环节，成为交通运输行业迫切需要明确的问题。为解决这一问题，书中选取高速公路交通服务满意度评价和分析为研究对象，深入解析高速公路交通特点，运用交通工程理论、顾客满意理论、顾客行为理论，通过构建评价体系，评价与分析模型，结合实际调查，探讨构建高速公路交通服务满意度的评价与分析方法，并以山东省高速公路为具体对象进行实证研究。通过上述研究，能够达到客观评估高速公路交通服务能力、服务水平、服务质量的目标，准确掌握使用者对高速公路交通服务的满意度现状，为后续提升高速公路交通运输服务水平，精确把握服务质量提升问题的体制与机制创新、服务理念更新、服务手段多样化,为实现统筹发展、高效发展、协调发展、创新发展奠定基础。

1.2 国内外研究现状

1.2.1 国外研究现状

1)服务质量评价研究

20 世纪 70 年代,国外学术界对服务行为进行研究,并形成丰富的研究成果。这一时期,西方市场营销界形成服务质量评价。基努斯(芬兰学者)提出顾客感知服务质量,认为服务质量是顾客对服务期望与其实际获得质量感知间的差异。布姆斯、里维(1982 年)指出在判断企业服务质量时,应以服务质量作为工具,洞悉顾客期望程度满足情况。国际标准化组织(2000 年)将服务质量定义为满足用户需求的程度,体现服务的固有特性。20 世纪 80 年代中期至 90 年代初期,美国营销学家帕拉休拉曼、赞瑟姆和贝利等人提出服务质量差距模型(SERVQUAL 模型)。该模型认为,所谓服务质量,即用户感知绩效与用户期望两者间的差距,具体包括有形性、可靠性、反应性、保证性和移情性五个维度。奥利弗(1980 年)提出在同一时刻对顾客的期望和感知绩效同时进行度量是不科学的。为了克服 SERVQUAL 模型的缺陷,克罗宁和泰勒(1992 年)提出了绩效感知服务质量度量方法(SERVPER 模型),提出只用消费者在接受服务时所感受的服务水平来评价服务质量的高低[2-3]。

2)高速公路服务评价研究

国外发达国家高速公路基础设施比较完善,已经形成了相对完善的高速公路服务体系。现阶段国外发达国家学者主要结合交通管理、运营管理以及公路维修、养护等方面研究高速公路服务,以服务水平作为评价公路服务质量的主要指标。《道路通行能力手册》(1950 年)中指出,可用 V/C(V 表示最大服务交通量,C 表示基本通行能力)来描述交通拥挤程度、交通流质量,并在此基础上提出道路通行能力。随后在其第二版中指出服务水平受各因素影响,如运营成本、交通间断及限制、出行时间、驾驶自由度等。换言之,这些因素是影响交通流运行质量的关键指标,但以 V/C 与行驶速度作为控制设施服务水平的指标。第三版中,通行能力指标不再使用 V/C 这一指标,而是以用户满意度代替,进一步扩展服务水平,即包括乘客、驾驶员的感受以及交通流运行条件等方面的标准[4-5],但是并未建立基于用户感知、服务质量的处理方法,仍以交通密度为主要控制指标。

1.2.2 国内研究现状

近几年来,国家积极推进现代服务业发展。高速公路运营管理也在此背景下积极转型,各学科分别从不同的角度探究高速公路服务,并形成丰富的研究理论,与此同时形成了很多创新性评价高速公路服务质量的方法。广东省交通运输厅积极探究高速公路运营服务,2002 年组织编写了《高速公路运营服务质量评价体系研究报告》。该报告以"高速公路运营服务质量"为突破口,分别以高速公路行业管理部门、高速公路运营公司为评价主体,构建多层次、多因素的评价体系[6]。

2003 年，上海市政工程局积极研究公路服务质量，并围绕上海市管辖公路设施展开分析，完成题为《上海市公路设施综合评价指标》的报告。该报告认为，衡量公路设施技术状况是影响公路服务质量的重要因素，在此基础上建立可量化考核公路服务质量、管理水平的综合评价体系[7]。

2009 年，李晓伟结合定性分析法，分析阐述构成高速公路服务系统的要素，在此基础上，选择其中几个主要影响因素，构建指标体系以评价高速公路服务，并基于物元可拓评价法设计出对高速公路服务系统的评价方法[8]。邹群、邹国平等人基于客户满意度模型，构建了包含客户感知质量、客户期望、用户满意度、用户抱怨和用户忠诚等 7 个变量在内的客户满意度模型。基于德尔菲法选择表征变量的指标，构成指标体系[9]。

2010 年，赵君莉、王建伟主要剖析了高速公路服务区的服务功能、运行特性，并在此基础上构建了理论模型，有针对性地提出服务水平分级指标、评价方法，用以评价高速公路服务区的服务水平[10]。

2012 年，林勋亮从顾客导向的角度，从高速公路关键服务接触与服务内容入手，深入分析了高速公路服务质量的属性和构成要素，开发顾客导向高速公路服务质量测量指标和测量评价模型，并对该模型进行实证验证[11]。

2013 年，周黎明博士探究影响高速公路服务质量容忍区以及服务质量评价体系的因素，在研究中构建了结构方程模型，有机地结合 SERVQUAL 量表法，构建博弈模型。该博弈模型包含高速公路运营商、服务区承包商以及顾客等服务相关方[12]。

2015 年，谭练武在分析高速公路系统的服务状况影响因素的基础上，选取了 26 项能够反映高速公路系统服务状况的评价指标体系，在评定评价指标权重方面，则主要运用了改进后的层次分析法，提出模糊综合评价模型，并进行实例分析[13]。

2016 年，王殊从用户的视角出发，从服务区布局、设施水平和用户体验三个方面面向用户的高速公路服务区综合评价指标体系，利用熵值法结合 TOPSIS 法对高速公路服务区进行了综合评价，并进行了实证研究[14]。

2017 年，冯玉荣、杨少伟等人基于西安绕城高速公路吕小寨立交—朱宏路立交之间交织区的道路条件和交通流运行调查，修正了《美国道路通行能力手册》中交织区速度预测模型参数，对影响交织区服务水平的交通流量、交织区长度等进行了敏感性的定量计算分析[15]。

另外，汪雪波、李明惠等人提出了高速公路运营服务质量评价体系[16]。同济大学韩先科、蔡建华发表了《高速公路服务系统的理论与分析》，对高速公路的服务质量特性进行了分析，并对高速公路服务系统的评价提出了建议性的想法[17]。王志强综合经济地理、交通运输经济、交通运输规划等学科，从理论的层面提出配置高速公路运输服务体系的方法[18]。

通过分析整理现有的文献发现，现有的研究主要从概念、内涵、评价指标等层面解析高速公路服务，以量化研究为主；从微观层面评价高速公路的服务水平，尚未形成宏观的视角，全面阐述分析影响高速公路服务质量的因素；同时，现有研究工作和研究成果多从某一专业领域出发，而对于高速公路服务质量概念的探讨，尚有诸多问题需要解决。基于此，非常有必要进一步结合理论和实践，探究高速公路服务质量的评价问题。

本书围绕“高速公路服务”展开分析研究，引入公路服务质量，全面分析高速公路系统的服务功能、整体水平,即综合体现高速公路交通的内在质量。评价服务质量一方面要基于交通流本质特性,另一方面应综合分析道路状况、外界环境等因素,更重要的是以道路使用者的角度,宏观、客观地评价高速公路服务状态。高速公路发展的本质目标是为广大使用者提供更舒适、更安全、更便捷、更经济的出行条件,在服务于出行者出行需求的同时,为国民经济发展奠定良好的基础。因此,对高速公路服务质量的评价不仅体现在交通流运行状况(服务水平)上,更应加上用户角度(服务质量);不仅要从微观层面分析,而且要从宏观层面、更全面的角度来衡量;不仅要用定性的方法描述,而且要采用定量方法进行评价。

1.2.3 国内满意度调查基本情况

1)国家层面

2004 年,中国标准化研究院建立了国家顾客满意度测评模型,测评的行业涵盖耐用消费品、非耐用消费品、流通业、生活服务业、文化卫生业和公共服务业 6 个行业领域,并进行了连续 3 年的测评,结果如图 1-1 所示。2004 年行业门类满意度平均为 71.39 分,2005 年行业门类满意度平均为 70.27 分,2006 年行业门类满意度平均为 69.66 分,连续三年下降,如图 1-2 所示。其中,流通业包含交通运输行业(铁路、公路和航空)、邮政行业、通信行业(有线电话、无线电话)、零售行业(大型百货、连锁商店、超级市场)和饮食住宿行业(饭店、旅馆),如图 1-3 所示。2004 年流通行业满意度平均为 66.66 分,2005 年流通业满意度平均为 68.55 分,2006 年流通行业满意度平均为 65.49 分,如图 1-4 所示。

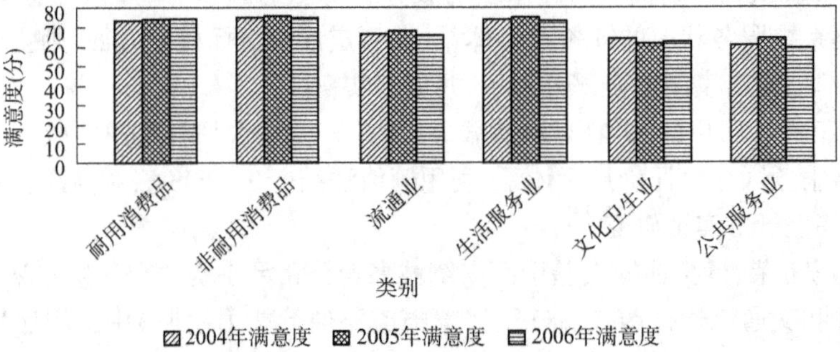

图 1-1 国家顾客满意度调查柱状图

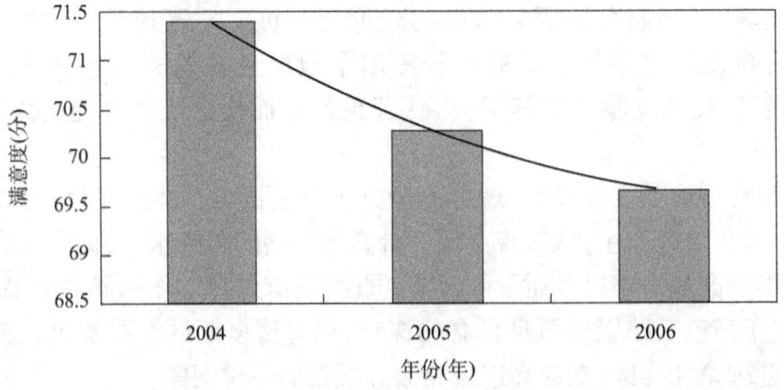

图 1-2 各行业门类满意度平均分趋势图

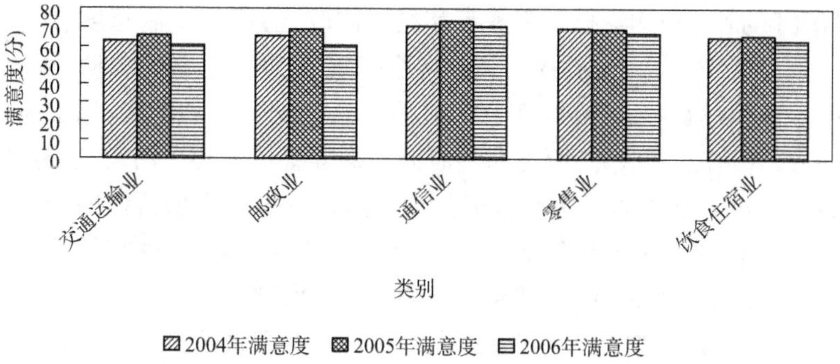

图 1-3　流通行业顾客满意度柱状图

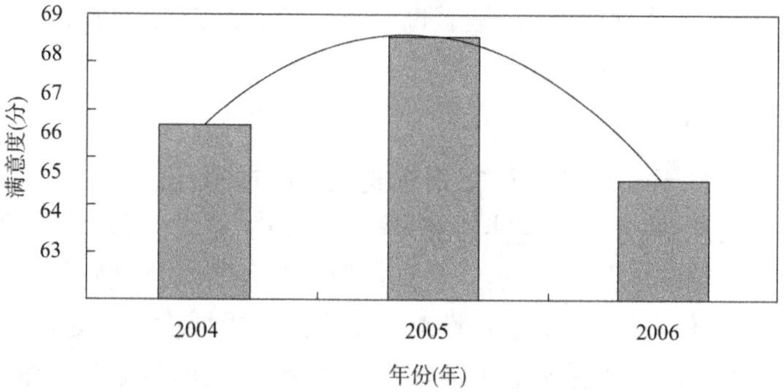

图 1-4　流通行业满意度平均分趋势图

2)地方或行业层面

2008 年,广东省调研中心发布了《2008 广东九大服务行业居民评价调查报告》,九大服务行业满意度的总体排名顺序为供电业、通信业、民航业、邮政业、银行业、供水业、交通业、保险业、供油业;九大行业满意度平均得分为 69.04 分。2004 年,福建开展了十大公用事业满意度调查,交通业排名倒数第二,仅优于医疗行业。2008 年,上海公布《窗口行业公共服务满意度测评结果》,评价得分为 82.93 分,前三位行业分别为电力、海关、航空港民航,后三位分别为公共交通、旅行社和超市。2009 年,宁夏公布公共服务满意度,民航业最高满意度为 88.56% 。2009 年,云南公布十大公共服务行业总体满意度,平均得分为 67.59 分,其中公交得分为 66.06 分。2009 年,山东公布九大公共服务业满意度,平均得分为 69.52 分,交通业总评价最低,平均得分为 65.39 分。国家邮政局公布快递业 2008 年总体满意度,平均得分为 64.9 分。

1.3　高速公路交通服务概念界定

1.3.1　服务定义

Service,即服务,又称为"劳务"。服务同商品一样都是经济社会的主要元素,服务有"质"与"量"的要求,这一点与商品需求一致。然而直到今天,服务的概念尚未统一。"服务"让人类可以享受到便捷的资讯、交通,总之服务无处不在,然而却无法用具体的实体、形象来描述服务。综合分析服务概念的发展,学者们分别从各个领域阐述表达,定义了服务[19]。布洛瓦(Blois,1983年)指出服务不存在实体改变,可产生满意度、效益,属于一种被出售的活动。莱赫蒂宁(Lehtinen,1983年)将服务定义为一连串的活动、互动关系,其存在于人与设备间。布埃尔(Buell,1984年)认为,服务是指配合货品销售,用于销售连带的各类活动。费里(Free,1987年)认为,服务即供应商为顾客提供的售后活动、功能,供应商出于利益以及提升自我竞争力等因素而为顾客提供这些活动。美国市场营销协会先后多次定义服务为与产品一起出售或者单独出售的活动、利益、满足感。美国市场营销协会AMA在上述研究基础上,重新修改了服务定义,即可用于界定,不可感知,但是却可满足顾客欲望的活动,且这些活动并不一定需要与其他产品、服务联系。生产服务不一定需要在实物的基础上进行,如果借助实物,也不存在转移实物所有权的问题。综上所述,本书将服务定义为一种无形的方式,是提供的主体是服务者,是通过服务系统为用户提供的满足需求的活动过程,服务是含有某种需求的一个活动、一个过程。

1.3.2 服务质量定义

服务和需求是两个不可分割的主体,需求是服务的本源,假设没有需求也就不可能存在服务。需求具有层次性,服务不一定能够完全满足用户的需求,这就涉及服务质量问题。一般可结合两个层面归纳解读服务质量:一是满足用户某种需求程度特性。特性,即一般性要求,如有效性、适用性、经济性等,这些特性对应于人的需求层次。二是用户期望获得的服务与实际获得的服务的差距。这是从服务需求的层面展开的,即将服务质量理解为感知,即感知需求满足程度,其评判标准,即服务期望、实际获取的服务。本书综合上述研究观点,赞同第一种观点。即将服务者(系统)为用户提供的某种需求之和定义为服务质量,主要从用户主观、客观等层面衡量和评价服务质量。与此同时服务还包含诸多无形的因素,如过程、结果、活动。也就是说,用户通常结合服务结果、服务过程综合评价服务质量,如提供服务的条件、环境、活动。综上所述,构成服务质量的主要包括如下三大要素:一是服务条件;二是服务环境;三是服务活动。

1.3.3 高速公路服务的概念与内涵

《高速公路交通管理办法》是这样定义高速公路的,即经国家公路主管部门验收认定符合高速公路工程技术标准,并设置完善的交通安全设施、管理设施和服务设施,专供机动车高速行驶的公路。交通运输的本质属性是服务。在高速公路中,交通流完全重合于运输流,其基本组成是车辆。高速公路的服务对象主要有两大部分:一部分是客运,另一部分是货运。在高速公路运输领域,形成高速公路服务特殊的概念,即依托高速公路服务系统,为人、物、车的空间位移提供条件、活动、环境,以满足用户行车需求的结构与过程。

1.4 企业发展战略理论基础

高速公路企业虽具有特殊性,但究其发展战略理论基础,与其他企业是一致的,适用于一般企业的发展战略理论也适用于高速公路企业。因此,通过论述发展战略理论及高速公路企业的特殊性,比选适用于高速公路企业的战略分析工具是必要的。

企业发展战略是研究企业如何发展,是对一定时期内企业的发展方向、发展速度与发展质量、发展点及发展能力的选择规划,是对企业发展的谋略。企业发展战略除了具有企业战略的整体性、长期性、基本性和计谋性等一般特征外,还具有发展性这一特征。

企业发展战略包括愿景、战略目标、业务战略及职能战略。思考以下问题:企业未来要成为什么样的企业?企业未来要达到一个什么样的发展目标?企业未来需要哪些发展点?要在哪些产业、哪些领域发展?怎样发展?企业未来需要什么样的发展能力?需要在市场营销、生产制造、人力资源等方面采取怎样的策略和措施以支持企业愿景、战略目标、业务战略的实现?通过回答上述一系列问题,结合企业自身的优劣势,选择战略方向,制定和实施战略,实现企业愿景。

企业发展战略类型众多,就高速公路企业而言,应分析影响高速公路企业发展的因素,客观准确识别高速公路企业的优劣势,从而选择高速公路企业发展战略方向,并确定高速公路企业发展战略类型。

1.4.1 企业战略管理过程理论

战略管理过程包括战略分析、战略制定与战略实施三个环节。在一般教科书中,这三个环节是按直线列示的,即战略分析之后是战略制定,战略制定之后是战略实施。实际上,很可能各环节之间是互相联系的,评价战略时就开始实施战略了,因此战略选择和战略分析就会重叠,战略分析也可能是一个持续的过程,这样战略分析就与战略实施也会重叠。所以,战略管理过程的三个环节是相互联系、循环反复、不断完善的一个过程。

1)战略分析

战略分析是指对影响企业现在和未来生存与发展的一些关键因素进行分析,这是战略管理的第一步。战略分析主要包括外部环境分析、内部环境分析和战略目标设定三个方面。

2)战略制定

战略分析为战略制定提供了坚实的基础。战略制定主要包括公司战略、竞争战略、职能战略以及战略方案的选择四部分内容。

3)战略实施

企业战略方案一经选定,管理者的工作重心就要转到战略实施上来。战略实施是贯彻执行既定战略规划所必需的各项活动的总称,也是战略管理过程的一个重要部分。显而易见,如果精心选择的战略而不付诸实施或不认真地组织实施,以前的努力就会付诸东流;反之,不但可以保证好的战略取得成功,而且还可以克服原定战略的某些不足,使之趋于完善,获得成功。

1.4.2 企业战略管理分析方法

在企业的环境分析中,有众多的分析方法,而SWOT分析是其中一种广泛应用的方法。SWOT是用来确定企业本身的竞争优势(Strength)、竞争劣势(Weakness)、机会(Opportunity)和威胁(Threat),从而将公司的战略与公司内部资源、外部环境结合。因此,清楚地确定公司的资源优势和缺陷,了解公司所面临的机会和挑战,对于制定公司未来的发展战略有着至关重要的意义。SWOT分析的步骤如下:罗列企业的优势和劣势,可能的机会与威胁;优势、劣势与机会、威胁相组合,形成优势—机会战略(SO)、优势—威胁战略(ST)、劣势—机会战略(WO)、弱势—威胁战略(WT)的策略;对SO、ST、WO、WT策略进行甄别和选择,确定企业目前应该采取的具体战略与策略[20]。

1)竞争优势(S)

竞争优势(S)是指企业超越其竞争对手的能力,或指公司所特有的能提高公司竞争力的东西。例如,当两个企业处在同一市场或者说它们都有能力向同一顾客群体提供产品和服务时,如果其中一个企业有更高的盈利率或盈利潜力,那么,我们就认为这个企业比另外一个企业更具有竞争优势。

2)竞争劣势(W)

竞争劣势(W)是指公司缺少或做得不好的方面,或指某种会使公司处于劣势的条件。可能导致内部弱势的因素包括:缺乏具有竞争意义的技能技术;缺乏有竞争力的有形资产、无形资产、人力资源、组织资产;关键领域里的竞争能力正在丧失。

3)公司面临的潜在机会(O)

市场机会是影响公司战略的重大因素。公司管理者应当确认每个机会,评价每个机会的成长和利润前景,选取那些可与公司财务和组织资源匹配、使公司获得竞争优势潜力最大的最佳机会。

4)危及公司的外部威胁(T)

在公司的外部环境中,总是存在某些对公司的盈利能力和市场地位构成威胁的因素。公司管理者应当及时确认危及公司未来利益的威胁,做出评价,并采取相应的战略行动来抵消或减轻它们所产生的影响。

由于企业的整体性和竞争优势来源的广泛性,在做优劣势分析时,必须从整个价值链的每个环节上,将企业与竞争对手做详细的对比,如产品是否新颖、制造工艺是否复杂、销售渠道是否畅通、价格是否具有竞争性等。企业在维持竞争优势过程中,必须深刻认识自身的资源和能力,采取适当的措施。因为一个企业一旦在某一方面具有竞争优势,势必会吸引竞争对手的注意。一般来说,企业经过一段时期的努力,建立起某种竞争优势,然后就处于维持这种竞争优势的态势,竞争对手开始逐渐做出反应;而后,如果竞争对手直接进攻企业的优势所在,或采取其他更为有力的策略,就会使这种优势得到削弱。所以,企业应保证其资源的持久竞争优势。

1.4.3 行业竞争力分析——波特的五种竞争力量模型

波特五力模型诞生于20世纪80年代,主要用于分析中观的产业环境。波特认为,相比宏观环境,行业内的竞争程度更被企业所关心,影响企业的战略决策。他归纳了共同决定行业竞争规模和程度的五种力量[21](图1-5),分别是现有竞争者的竞争力、潜在竞争者进入的能力、替代产品的能力、供应商讨价还价的能力以及买方的议价能力。波特提出的行业竞争分析模型是最为流行的一种分析工具,这种方法不仅被用在战略分析中,而且也被用于投资项目的可行性研究和编制商业计划书的前期研究中。

1)行业内现有竞争者

行业内现有企业是行业内现有的直接竞争者,其竞争性的激烈程度主要受竞争者数量、行业增长率、产品或服务特性、竞争对手多样性、固定成本等因素的影响,企业的活动受竞争对手制约,同时企业的业务对竞争对手也会产生显著的影响,改变竞争对手的竞争策略。

2)潜在进入者

潜在进入者是指现有行业之外新进入的力量,新进入者常带来新的生产和服务能力,希望获得充足的资源来获取市场份额。对于现有企业来说,这是一种威胁,通过设置进入壁垒可以提高潜在进入者进入该行业的门槛。进入壁垒通常有资金壁垒、规模经济、领先者优势、转换成本、产品差异化等。如高端芯片研发制造领域就需要每年数十亿元的资金投入,这帮助该类企业建立了抵御新竞争对手的强大壁垒。

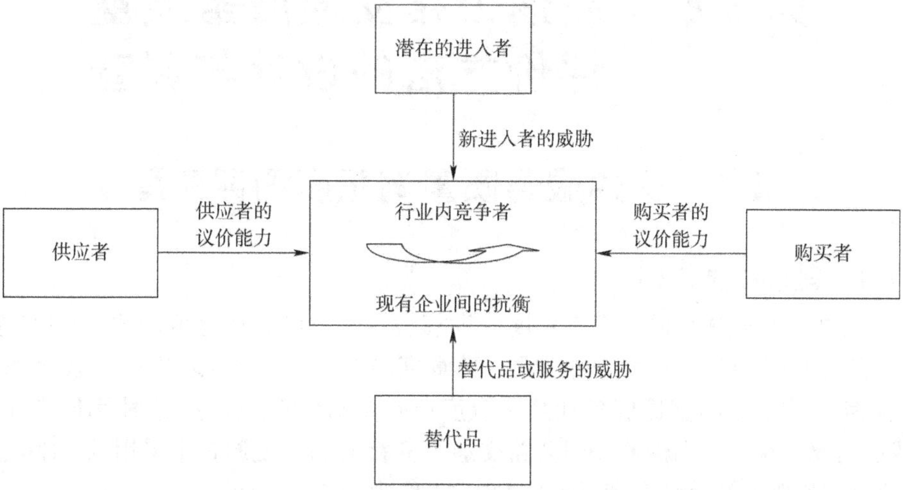

图1-5 波特五力模型

3)替代品

替代品是指在销售中存在竞争关系的两种产品,一方面,它限制了企业的盈利能力,对一个行业具有深远的影响;另一方面,识别替代品又十分困难。替代品的种类主要有产品替代、需求替代和同类替代三种。产品替代是指新的产品提供与旧产品相同的功能与服务,如微信的出现降低了人们对短信的使用;需求替代是指一种新的产品或服务使得当前产品或服务成为多余,如便宜可靠的手机使人们更愿意更换新手机而减少了手机维修服务的需求;同类替代,是指提供相同产品或服务的竞争,以争夺可支配收入。

4)购买者

购买者是购买公司提供的产品和服务的客户。购买者对价格敏感,其谈判能力影响企业产品和服务的定价,进而影响企业的利润。影响购买者谈判能力的因素有购买数量和集中性、转换成本、产品重要性、产品差异性与替代性等。

5)供应商

供应商是指为公司提供产品和服务的企业,在行业中对于公司来说则是作为卖方,作为生产要素的提供者,影响企业的经营成本,最终也会影响企业的利润。影响供应商谈判能力的因素有产品差异性、转换成本、替代供应商等。

这些力量共同决定了企业盈利潜力,即某种力量越强,公司盈利的潜力越小,或可以作为企业的一种威胁;反之,某种力量越弱,则公司盈利潜力越大,有可能成为企业的机会。对影响组织的各种力量进行一般性研究可以确定竞争态势及竞争结构,深入分析行业竞争过程,可以找出竞争压力的来源,确定各种竞争力量强度,帮助确定组织的竞争优势,帮助制定企业战略。竞争战略基于对企业竞争规律的深刻理解,任何行业任何企业都受这五种竞争因素的影响。

第2章 高速公路交通服务质量评价方法的设计与调查

2.1 交通服务质量满意度测评模型

2.1.1 基础模型结构

目前,国内外比较成熟的顾客满意度测评模型有瑞典顾客满意度测评(SCSB)模型、美国顾客满意度测评(ACSI)模型、欧洲顾客满意度测评(ECSI)模型、中国顾客满意度测评(CCSI)模型等[22]。公路交通服务社会满意度调查是对“交通服务”这种无形产品进行测评,在我国尚属首次。本书借鉴美国公路交通服务社会满意度调查中采用的ACSI模型,建立我国公路交通服务社会满意度测评(HCSI)模型,如图2-1所示。

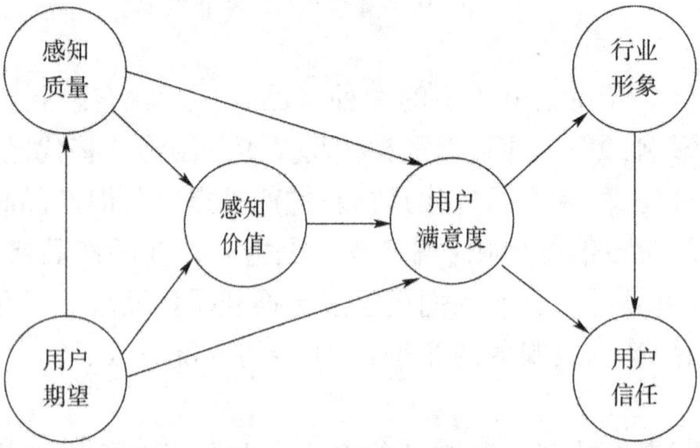

图2-1 公路交通服务社会满意度测评(HCSI)模型

HCSI模型由6个潜变量及其之间的相互作用和相互影响组成,其核心概念是用户满意度,这里所指的用户满意是一种积累的用户满意度,是用户对公路交通提供服务所经历的整体评价,不是用户对接受某一次服务经历的特定评价。用户期望、感知质量与感知价值是三个基本前置因素。其中,用户期望是指用户预期将会得到何种质量的服务,这是一种“将会的预期”,而不是该服务应该达到何种质量水平的预期,即“应当的预期”;感知质量是指用户对接受的服务与预期比较后做出的评价,侧重于质量因素评价;感知价值侧重于精神上感知因素评价。行业形象与用户信任是用户满意的结果,较高的用户满意将会赢得良好的行业形象,获得很高的用户信任;行业形象与用户信任的关系可以表明行业形象的结果。若测评得出行业形象与用户信任之间的关系为正,则意味着良好的行业形象将转化为用户信任;反之,则意味着用户信任有可能降低。

2.1.2 满意度层次分析

用户满意度有三个层次,即物质满意、精神满意和社会满意。其中,物质满意是指用户对服务本身的满意，包括服务的质量、功能、满足用户特殊需要的程度等，这一层次的满意度以“感知质量”来进行评价；精神满意是指用户在被服务过程中所体会到的精神上的愉悦，具体地说就是在应用服务过程中所引起的精神上的感知，这一方面的满意度以“感知价值”来进行评价；社会满意不再局限于服务本身，而是用户通过享用服务而引申产生的对提供服务的行业的社会形象、责任感、可信任度等的看法，这一层次的满意度以“行业形象”和“用户信任”来进行测评。用户满意层次对照见表 2-1。

用户满意层次对照表　　表 2-1

满意层次	物质满意	精神满意	社会满意
对应的潜变量	感知质量	感知价值	行业形象、用户信任

潜变量是不可观测的变量，为表征潜变量的情况，必须以观测变量为表征，HCSI 模型中的观测变量对应见表 2-2。

潜变量与观测变量对应表　　表 2-2

序号	潜变量	观测变量
1	用户期望	对服务质量的总体期望(接受服务前)
2		对服务满足用户需要程度的期望(接受服务前)
3		对服务可靠性或出错概率的期望(接受服务前)
4	感知质量	对服务质量的总体评价(接受服务后)
5		对服务满足用户需要程度的评价(接受服务后)
6		对服务可靠性或出错概率的评价(接受服务后)
7	感知价值	给定价格下的服务质量等级
8		给定质量下的价格等级
9		与其他交通服务形式价格的比较
10	用户满意度	总体满意度
11		期望失验(没有达到或者超过期望的绩效)
12		与理想产品或服务的差距
13	行业形象	总体形象
14		行业特色
15		社会责任感
16	用户信任	对行业的信任度
17		对存在问题的谅解程度
18		对行业的发展前景评价

2.2　调查领域、评价点与对象

2.2.1　调查领域

根据研究依据，考虑山东省高速公路建设与运营等一直走在全国的前列，4000 多 km

高速公路建设完成，初步构筑起了我国横联东西、纵贯南北的“五纵连四横，一环绕山东”的高速公路网主骨架，与公路交通基础设施的规划、建设、管理、养护和农村公路等方面相比亦具有很强的调查必要性，因此，将高速公路作为一个单独的调查领域，调查对象包括公路交通基础设施的规划、建设、管理、养护、农村公路和高速公路等 6 个领域，如图 2-2 所示。

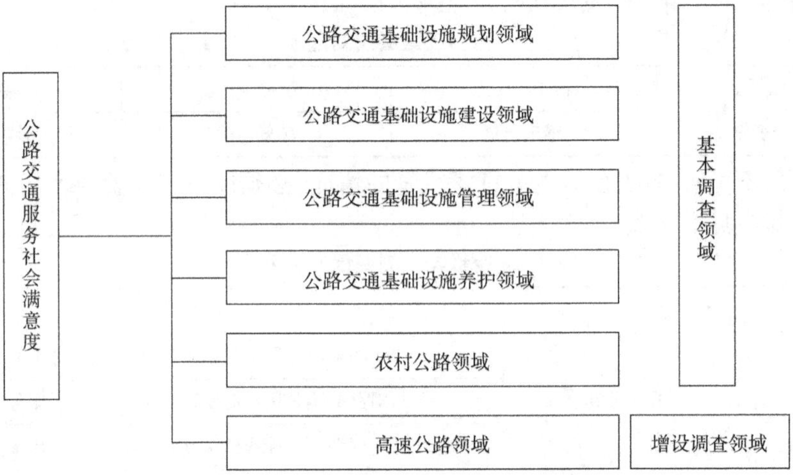

图 2-2　公路交通服务满意度调查领域

2.2.2　基本评价点

各领域的基本评价点见表 2-3 ~ 表 2-8。

规划领域评价对象和基本评价点　　表 2-3

指　标	评价对象	评　价　点
公路交通基础设施规划社会满意度	用户期望	交通基础设施规划满足经济和社会发展需要的总体期望
	感知期望	土地利用合理性
		路网布局合理性
		技术等级构成合理性
		建设顺序合理性
		交通枢纽规划合理性
		环境、生态保护合理性
	感知价值	当前投入程度下，公路交通基础设施规划所发挥的作用
		当前公路交通基础设施规划作用前提下的投入程度
		与其他行业基础设施规划相比的投入产出比例
	用户满意度	对当前公路交通基础设施规划的总体满意度
	行业形象	公路交通基础设施规划所体现出的交通系统社会责任感
	用户信任	对公路交通基础设施规划工作的信任度

建设领域评价对象和基本评价点　　　表 2-4

指　　标	评价对象	评　价　点
公路交通基础设施建设社会满意度	用户期望	公路交通基础设施建设满足经济和社会发展需要程度的总体期望
	感知质量	对建设质量的评价
		对建设速度的评价
		对建设监管的评价
		对建设阶段环境、生态保护的评价
	感知价值	在当前投入状况下，对公路交通基础设施建设情况的评价
		在当前公路交通基础设施建设情况下，对投入情况的评价
		与其他交通形式相比的投入产出比情况评价
	用户满意度	对公路交通基础设施建设情况的总体满意度
	行业形象	公路交通基础设施建设所体现出的交通系统社会责任感
	用户信任	对公路交通基础设施建设领域出现问题的谅解程度

管理领域评价对象和基本评价点　　　表 2-5

指　　标	评价对象	评　价　点
公路交通基础设施管理社会满意度	用户期望	对公路交通基础设施管理满足自身需要程度的总体期望
	感知质量	对配套设施的评价
		对交通秩序的评价
		对信息服务的评价
		对紧急救助的评价
		对突发事件应急能力的评价
		对交通安全的评价
		对方便、快捷的评价
	感知价值	在当前投入程度下，对公路交通基础设施管理水平的评价
		在当前公路交通基础设施管理水平下，对投入情况的评价
		与其他交通形式相比的投入产出比情况评价
	用户满意度	对公路交通基础设施管理的总体满意度
	行业形象	公路交通基础设施管理所体现出的交通系统社会责任感
	用户信任	对公路交通基础设施管理领域出现问题的谅解程度

养护领域评价对象和基本评价点 表 2-6

指　　标	评 价 对 象	评　价　点
公路交通基础设施养护社会满意度	用户期望	对公路交通基础设施养护满足自身需要程度的总体期望
	感知质量	对养护及时性的评价
		对路面质量的评价
		对桥梁状况的评价
		对施工交通影响的评价
		对道路绿化美化的评价
	感知价值	在当前投入状况下,对公路交通基础设施养护水平的评价
		在当前公路交通基础设施养护水平下,对投入情况的评价
		与其他交通形式相比的投入产出比情况评价
	用户满意度	对公路交通基础设施养护情况的总体满意度
	行业形象	公路交通基础设施养护所体现出交通系统的社会责任感
	用户信任	对公路交通基础设施养护领域出现问题的谅解程度

农村公路领域评价对象和基本评价点 表 2-7

指　　标	评 价 对 象	评　价　点
农村公路服务社会满意度	用户期望	对农村公路服务农村经济及社会发展的总体期望
	感知质量	对农村公路建设质量的评价
		对农村公路管理水平的评价
		对农村公路养护水平的评价
	感知价值	在当前投入状况下,对农村公路服务水平的评价
		在当前农村公路服务水平下,对投入情况的评价
	用户满意度	对农村公路服务的总体满意度
	行业形象	农村公路建设、管理养护所体现出的交通系统社会责任感
	用户信任	对农村公路领域出现问题的谅解程度

高速公路领域评价对象和基本评价点 表 2-8

指　　标	评 价 对 象	评　价　点
高速公路服务社会满意度	用户期望	对高速公路服务经济及社会发展的总体期望
	感知质量	对高速公路建设质量的评价
		对高速公路管理水平的评价
		对高速公路路面质量的评价
		对高速公路收费时间的评价
		对高速公路应急反应时间的评价
		对高速公路服务区的评价
		对高速公路防护设施的评价
		对高速公路绿化美化的评价

续上表

指　标	评价对象	评　价　点
高速公路服务社会满意度	感知价值	在当前投入状况下，对高速公路营运水平的评价
		在当前高速公路服务水平下，对投入情况的评价
		与其他交通形式相比的投入产出比情况评价
	用户满意度	对高速公路服务的总体满意度
	行业形象	高速公路运营所体现出的交通系统社会责任感
	用户信任	对高速公路营运领域出现问题的谅解程度

2.2.3　调查对象

根据每个调查领域调查内容的不同，调查对象的选择也不同。交通规划领域调查，主要选择交通规划工作者或对交通规划领域比较熟悉的部门进行调查，如发改委、规划局、环保局、高校等交通规划部门相关人员。此外，为了保证抽样的均匀性选择部分物流公司管理人员、城乡居民等。公路交通建设、管理、养护领域的调查，主要选择对公路交通状况比较熟悉的人员，如大型运输企业、物流公司管理人员以及驾乘人员。农村公路领域的调查主要选择农村公路的直接受益者，即对农村居民进行调查，他们是农村公路的主要使用者，对农村公路的使用、日常保养、管理等基本状况有较深的了解。高速公路领域的调查主要选择对高速公路运行管理体制、机制较熟悉的人，如大型运输企业、物流公司的管理人员、驾乘人员以及高速公路收费人员、路政管理人员等。

各领域调查对象见表2-9。

各领域调查对象　　表2-9

调查领域	调查对象
公路交通基础设施规划	发改委、规划局、环保局、高校等交通规划研究部门相关人员，物流公司管理人员，城乡居民等
公路交通基础设施建设、管理、养护	大型运输企业、物流公司管理人员及驾乘人员
农村公路	县、乡、村道路运输从业人员、驾乘人员、农村居民
高速公路	大型运输企业、物流公司的管理人员、驾驶员及高速公路收费人员、路政管理人员

2.3　调查问卷设计

2.3.1　设计原则

调查问卷设计遵循以下两个原则。

1）目标明确原则

问卷作为收集资料的工具，在设计时，要紧紧围绕公路交通服务社会满意度这个问题及所测量的测变量进行，要尽可能做到所收集的信息正是所需要的资料，既考虑研究的需要，又要考虑被调查者的实际情况。

2)简单实用原则

为提高问卷回收率，应避免调查内容过多，问卷中的问题要尽可能概略、浅显、直接，问题的数量控制在一定范围内[23]。

2.3.2 问卷设计

交通要以人为本，以提供科学的服务为根基。而科学服务的效果需要服务对象的反馈，以及进行反馈数据的分析，即服务满意度评价。公路交通服务社会满意度评价是面向社会领域的，通过交通服务社会满意度相关数据，包括调查指标、满意度数据、评价指标等，为公众与交通建设者、管理者架构沟通的桥梁，为交通管理提供科学决策支持，有助于改善公共关系，提升行业形象。

本次满意度调查采用标准化、直接、书面的调查方式。为减少调查过程中受调查主体与客体双方个人情感因素的影响，调查问卷的设计通过书面的形式提出公路交通服务社会满意度各领域的问题，被调查者以书面的形式回答问题。采用书面问题和答卷形式，更易于实现问卷的标准化与客观化，能比较真实地反映调查对象的个人想法和情况，是社会调查中最常使用、较省费用、花费时间较少的调查方式。

调查问卷内容设计根据调查领域的不同而不同，兼顾调查对象在文化素养、社会背景、价值观念、行为习惯、生活方式等方面的差异性。公路交通规划领域调查主要面向交通规划工作者或与交通规划相关的政府部门，调查问卷内容的设计上采用与交通规划相关的专业化术语较多；公路交通建设、管理、养护领域调查主要面向广大公路交通建设、养护、管理基层工作者及管理者以及城乡居民等，调查问卷内容的设计上浅显易懂，专业化术语控制在一定范围内；农村公路服务领域调查主要面向广大农村居民，调查问卷内容浅显易懂；高速公路服务领域调查主要面向驾乘人员及高速公路相关工作人员，调查问卷与高速公路相关的专业性内容较多。

公路交通服务社会满意度调查问卷包含基本信息(如地区、性别、学历、职业、月收入等)，以及用户期望、感知质量、用户信任等用户满意信息，并借助心理学中的情感梯度理论，将用户满意程度划分为五个等级：①非常不满意；②不满意；③一般；④比较满意；⑤非常满意。调查问卷中每个问题的答案为一个因素，各领域所有问题的答案组成子因素集，各子因素集组成因素集。调查问卷详见附录1。

2.3.3 问卷编码方式

1)编码原则

为了便于对公路交通服务社会满意度调查问卷进行统计分析，将调查问卷所收集到的信息进行编码，以便转换成数字或文字，供计算机读取并进行运算或是供阅读分析。问卷编码主要遵循以下原则[24]：

(1)互斥性：每一种答案只能归入一种类别。

(2)包容性：问题的每一种答案都能有一种可归入的类别。

(3)适当性：分类后能够获得研究者想得到的信息。

2)编码方式

公路交通服务社会满意度调查问卷编码由英文字母和阿拉伯数字组成。

(1)问卷编码

问卷编码,包括问卷编号和调查时间,为查找问卷错误提供便利。问卷编号为4位数(1～9999);调查时间的编码格式采用"年月日",如2009年10月1日记作20091001。

(2)问题编码

针对每一个问题、每一个答案,确定一个唯一的代码,如A1、A2、A3、Q1、Q2、Q3等;根据调查对象、调查问题及答案的数量确定每一个代码的位数,因调查对象在10000人以下,代码确定为4位数(1～9999)。

对于调查对象没回答而产生空白答案、调查对象的回答超出了所提供的选项、调查对象明确表示拒绝回答或回答"不确定""不知道""其他"这样的特殊选项,调查设定"999"为缺失值代码。

调查问卷编码详见附录2。

2.4　调查方法及抽样率

2.4.1　调查方法

按照调查人与被调查对象的接触方式来划分调查方法,主要有沿路随机问卷调查、邮寄信件调查、网上在线调查、电话调查和单位集体调查等。

(1)沿路随机问卷调查是指由调查员沿路抽取道路使用者进行问卷调查,需要的人员、经费投入较高,但一般响应率较高,通过调查员的提示和语言沟通,能够帮助被调查者较好地完成问卷。

(2)邮寄信件调查是指通过邮寄的方式将调查问卷寄给被调查者,所需的人员及经费投入相对较低,但很难保证较高的问卷返回率。

(3)网上在线调查是指通过网络形式将调查问卷发送给被调查者,所需人员及经费投入相对较低,并可以直接获得电子化的调查结果,缺点是调查对象缺乏代表性和随机性。

(4)电话调查是指通过随机的电话抽样,以电话问答的形式完成问卷调查,需要一定的人员及经费投入,但对问卷的设计质量要求较高,一般不采用电话调查的方式。

(5)单位集体调查是指通过单位委托的形式开展针对单位内调查对象的调查,所需经费及人员投入较低。

为了能够全面、客观地了解公路交通服务于社会的基本情况,本次山东省公路交通服务社会满意度调查主要采用随机分层定额抽样调查的方法,通过访谈、发放"公路交通服务社会满意度调查表"的方式获得调查结果。

2.4.2　抽样率

本次公路交通服务社会满意度调查的置信水平为95%,误差限为0.05,按照简单随机抽样的调查原理,不同总体样本数条件下的抽样样本数见表2-10。

随机抽样样本量表(单位:份)　　表 2-10

总体数	样本数	总体数	样本数
50	44	10000	385
500	222	100000	398
1000	286	1000000	400
5000	370	10000000	400

表 2-10 中的总体数是指被调查对象的总数。样本数是指应当获得的有效调查问卷的份数。考虑一定的不回应率和无效调查结果,按照 10% 的废表率,实际调查的份数应当更多,综合考虑以上因素,山东省公路交通服务社会满意度调查各领域样本数,见表 2-11。

山东省公路交通服务社会满意度各领域调查问卷样本量(单位:份)　　表 2-11

调查领域	调查样本数	调查领域	调查样本数
公路交通规划	244	农村公路	444
公路交通建设、管理、养护	444	高速公路	444

2.4.3　样本说明

根据地域相邻方便调查的原则,将调查地域分为 4 个片区,即鲁东片区(主要指青岛、烟台、威海、日照四市),样本 504 份;鲁中片区(主要指潍坊、淄博、东营、临沂四市),样本 430 份;鲁西南片区(主要指莱芜、泰安、菏泽、枣庄、济宁五市),样本 339 份;鲁西北片区(主要指济南、聊城、德州、滨州四市),样本 303 份。4 个片区样本总计 1576 份。

注意:为了确保调查的准确性和均衡性,部分地市调查份数少于 10 份的按照 10 份来计算。

2.5　公路交通服务社会满意度评价方法

2.5.1　计算原理

1)权重计算

公路交通服务社会满意度模型中包括以下三个层次的权重:

(1)子因素集中各因素的权重即测量变量权重。

(2)每个领域的满意度评价中,因素集内各子因素集的权重即潜变量权重。

(3)公路交通服务社会总体满意度评价中,每个领域的权重。

权重计算采用两种方法,即评分法、熵权法。其中,评分法用于计算潜变量“感知质量”的各个测量变量的权重;熵权法用于计算其他测量变量、潜变量和领域的权重。计算方法具体如下。

(1)评分法

设感知质量包括 n 个调查问题与 m 个调查对象,分别对各调查问题的重要程度进行评分,则第 j 个问题的分数占总分数的比例即该问题的权重,计算公式为

$$w_i = \frac{\sum_{i=1}^{m} r_{ij}}{\sum_{j=1}^{n}\sum_{i=1}^{m} r_{ij}} (i=1,2,\cdots,m;j=1,2,\cdots,n) \tag{2-1}$$

(2)熵权法

某个指标的信息熵越小,表明其指标值的变异程度越大,提供的信息量越大,在综合评价中所起的作用越大,则其权重也应越大。反之,某个指标的信息熵越大,表明其指标的变异程度越小,提供的信息量越小,在综合评价中所起的作用越小,其权重也应越小[25]。

设有 m 个调查对象,$n(n=3)$ 个评价指标,熵权法计算指标权重的步骤如下:

①先计算第 j 项指标第 i 个调查对象评分的比重 p_{ij}。

$$p_{ij}=\frac{r_{ij}}{\sum_{i=1}^{m} r_{ij}} \tag{2-2}$$

②计算第 j 项指标的熵 e_j。

$$\begin{aligned} e_j &= -k\sum_{i=1}^{m} p_{ij}\ln p_{ij} \\ k &= \frac{1}{\ln m} \end{aligned} \tag{2-3}$$

③计算第 j 项指标的差异系数 g_j。

$$g_j=1-e_j \tag{2-4}$$

④归一化计算第 j 项指标的权重 w_j。

$$w_j=\frac{g_j}{\sum_{j=1}^{n} g_j} \tag{2-5}$$

2)满意度计算

将各因素的权重及其评价结果生成的矩阵相乘可得到三级评价结果,然后根据潜变量权重和各子因素评价的矩阵相乘得到二级综合评价结果,二级综合评价模型与赋值后的五级李克特量表相乘得到一级综合评价结果,将得到的结果转化为百分制后即为满意度。

2.5.2　计算步骤

(1)设评语等级集合为 $V=(y_1,y_2,\cdots,y_m)$,即

$V=\{$非常不满意,不满意,一般,比较满意,非常满意$\}$,并用 5 级李克特量表对每个调查问题的评语集"非常不满意,不满意,一般,比较满意,非常满意"进行赋值,即"非常不满意,不满意,一般,比较满意,非常满意"分别对应值 $C=1,2,3,4,5$。

(2)对每个潜变量 U_i 建立模糊关系矩阵 R_i,则

$$R_i=\begin{Bmatrix} r_{i_{11}} & r_{i_{12}} & \cdots & r_{i_{1m}} \\ r_{i_{21}} & r_{i_{22}} & \cdots & r_{i_{2m}} \\ \cdots & \cdots & \cdots & \cdots \\ r_{i_{n1}} & r_{i_{n2}} & \cdots & r_{i_{nm}} \end{Bmatrix} \tag{2-6}$$

(3)根据 U_i 中各因素的权重向量 $\omega=(\omega_{i1},\omega_{i2},\cdots,\omega_{in})$ 和 U_i 的单因素评价结果 R_i 构造单级评价模型 B_i。

$$B_i=W_iR_i=(b_{i1},b_{i2},\cdots,b_{im}) \tag{2-7}$$

(4)将 U_i 看作一个综合因素,用 B_i 作为它的单因素评价结果,根据 U_i 的权重向量 $\omega=(\omega_1,\omega_2,\cdots,\omega_s)$ 和 R 构造二级模糊综合评价模型 B。

$$B=W\cdot R=(b_1,b_2\cdots,b_m) \tag{2-8}$$

(5)计算满意度 $HCSI=B\cdot C^T$,其中 $C=\{1,2,3,4,5\}$。

(6)将 HCSI 转换成百分制 = (HCSI − 1)/(5 − 1) ×100。其中,"1"和"5"分别为李克特量表的最小值和最大值。满意度分级及其含义详见附录 3。

2.6 实地调查

2.6.1 调查样本量

根据山东省公路交通服务社会满意度调查抽样要求,山东省 17 市共需要发放调查问卷 1576 份,实际发放调查问卷 1632 份,收回问卷 1632 份,合格调查问卷 1596 份,实际进行数据处理的样本为 1576 份。

2.6.2 调查结果信度和效度分析[26]

为了确保调查问卷所获得数据的可靠性,需要对公路交通服务社会满意度 6 个调查领域所获得的数据结果的信度和效度进行检验,见表 2-12。

山东省公路交通服务满意度因子调查结果信度和效度检验结果 表 2-12

调查问卷结果	信 度 检 验		效 度 检 验	
调查领域	Cronbach's Alpha	基于标准化项的 Cronbach's Alpha	取样足够度的 Kaiser-Meyer-Olkin 度量(KMO)	Bartlett 的球形度检验 近似卡方
公路交通管理社会满意度调查结果	0.942	0.942	0.954	4444.856***
公路交通规划社会满意度调查结果	0.911	0.911	0.927	1856.352***
公路交通建设社会满意度调查结果	0.889	0.887	0.903	2494.240***
公路交通养护社会满意度调查结果	0.939	0.938	0.952	4120.767***
农村公路服务社会满意度调查结果	0.872	0.866	0.902	2069.789***
高速公路服务社会满意度调查结果	0.939	0.938	0.951	4030.544***

注:*** 为 0.005 显著性水平通过。

通过表 2-12,可以看出 6 个调查结果的 Cronbach's Alpha 值均超过了 0.8,达到了十分可信的程度,甚至高速公路服务、公路交通管理、公路交通规划、公路交通养护等 4 个社会满意度调查结果的 Cronbach's Alpha 值超过了 0.9,达到了极度可信标准。而针对这 6 个调查结果进行的效度检验结果可以看出 KMO 和 Bartlett 近似卡方值都达到了非常显著水平,验证了数据结果的有效性。由此可见,山东省公路交通服务满意度调查结果具有很强的信度和效度,这为后续的研究提供了有效的基础数据。

第3章　交通服务质量调查结果分析
——山东省高速公路交通服务满意度评价

3.1　调查对象特征统计分析

根据收集的调查对象基本信息，分别对公路交通规划、公路交通建设、管理、养护，农村公路和高速公路领域的调查对象，按性别、年龄、学历、职业、月收入水平和驾驶信息6个方面进行统计。

3.1.1　调查对象性别比例

参与山东省公路交通服务社会满意度调查的调查对象共1576人，其中：男性1243人，占总人数的78.87%；女性333人，占总人数的21.13%。

参与公路交通规划社会满意度调查的调查对象共244人，其中：男性197人，占总人数的80.57%；女性47人，占总人数的19.43%。

参与公路交通建设、管理、养护社会满意度调查的调查对象共444人，其中：男性343人，占总人数的77.19%；女性101人，占总人数的22.81%。

参与农村公路服务社会满意度调查的调查对象共444人，其中：男性356人，占总人数的80.16%；女性88人，占总人数的19.84%。

参与高速公路服务社会满意度调查的调查对象共444人，其中：男性347人，占总人数的78.25%；女性97人，占总人数的21.75%。

各调查领域的调查对象性别比例组成统计结果见表3-1、如图3-1所示。从图表中可以看出，各调查领域的调查对象均以男性居多，占总人数的75%以上，这与日常生活、工作出行男性比例高于女性有关。

调查对象性别比例组成（单位：人）　　表3-1

性别	公路交通服务社会满意度调查	公路交通规划社会满意度调查	公路交通建设、管理、养护社会满意度调查	农村公路服务社会满意度调查	高速公路服务社会满意度调查
男性	1243	197	343	356	347
女性	333	47	101	88	97
合计	1576	244	444	444	444

3.1.2　调查对象年龄构成

参与山东省公路交通服务社会满意度调查的调查对象共1576人，年龄在18岁以下的共16人，占总人数的1.02%；年龄在18～25岁的共239人，占总人数的15.17%；年龄在26～45岁的共1047人，占总人数的66.43%；年龄在46～60岁的共236人，占总人数的14.97%；年龄在60岁以上的共38人，占总人数的2.41%。

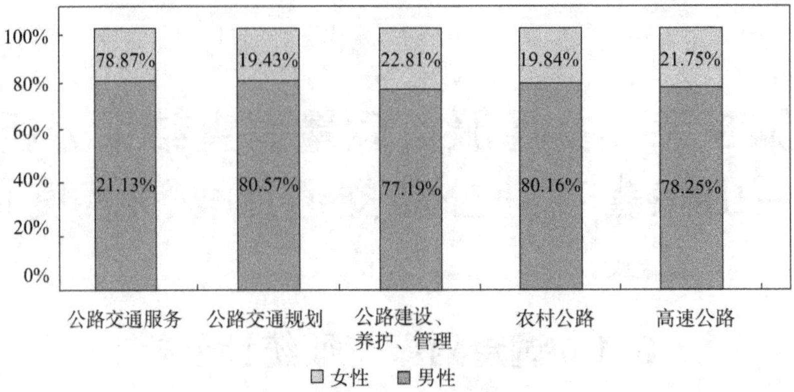

图 3-1 各调查领域对象性别比例组成比较

参与公路交通规划社会满意度调查的调查对象共 244 人,年龄在 18 岁以下的共 2 人,占总人数的 0.81%;年龄在 18～25 岁的共 30 人,占总人数的 12.15%;年龄在 26～45 岁的共 164 人,占总人数的 67.61%;年龄在 46～60 岁的共 40 人,占总人数的 16.19%;年龄在 60 岁以上的共 8 人,占总人数的 3.24%。

参与公路交通建设、管理、养护社会满意度调查的调查对象共 444 人,年龄在 18 岁以下的共 3 人,占总人数的 0.66%;年龄在 18～25 岁的共 70 人,占总人数的 15.79%;年龄在 26～45 岁的共 302 人,占总人数的 67.98%;年龄在 46～60 岁的共 65 人,占总人数的 14.69%;年龄在 60 岁以上的共 4 人,占总人数的 0.88%。

参与农村公路服务社会满意度调查的调查对象共 444 人,年龄在 18 岁以下的共 9 人,占总人数的 1.93%;年龄在 18～25 岁的共 84 人,占总人数的18.88%;年龄在 26～45 岁的共 253 人,占总人数的 56.87%;年龄在 46～60 岁的共 77 人,占总人数的 17.38%;年龄在 60 岁以上的共 22 人,占总人数的 4.94%。

参与高速公路服务社会满意度调查的调查对象共 444 人,年龄在 18 岁以下的共 2 人,占总人数的 0.43%;年龄在 18～25 岁的共 55 人,占总人数的12.37%;年龄在 26～45 岁的共 328 人,占总人数的 73.77%;年龄在 46～60 岁的共 54 人,占总人数的 12.15%;年龄在 60 岁以上的共 6 人,占总人数的1.28%。

各调查领域的调查对象年龄构成统计结果见表 3-2、如图 3-2 所示。从图表中可以看出,各调查领域的调查对象年龄构成特点相似,年龄为 26～45 岁的调查对象占据着重要比例,占总调查人数的 2/3 以上,年龄为 18～25 岁的调查对象次之。

调查对象年龄构成 表 3-2

调查领域	年龄	人数(人)	百分比(%)
公路交通服务社会满意度调查	18 岁以下	16	1.02
	18～25 岁	239	15.17
	26～45 岁	1047	66.43
	46～60 岁	236	14.97
	60 岁以上	38	2.41
合计		1576	100

续上表

调 查 领 域	年　龄	人数(人)	百分比(%)
公路交通规划社会满意度调查	18 岁以下	2	0.81
	18～25 岁	30	12.15
	26～45 岁	164	67.61
	46～60 岁	40	16.19
	60 岁以上	8	3.24
合计		244	100
公路交通建设、管理、养护社会满意度调查	18 岁以下	3	0.66
	18～25 岁	70	15.79
	26～45 岁	302	67.98
	46～60 岁	65	14.69
	60 岁以上	4	0.88
合计		444	100
农村公路服务社会满意度调查	18 岁以下	9	1.93
	18～25 岁	84	18.88
	26～45 岁	253	56.87
	46～60 岁	77	17.38
	60 岁以上	22	4.94
合计		444	100
高速公路服务社会满意度调查	18 岁以下	2	0.43
	18～25 岁	55	12.37
	26～45 岁	327	73.77
	46～60 岁	54	12.15
	60 岁以上	6	1.28
合计		444	100

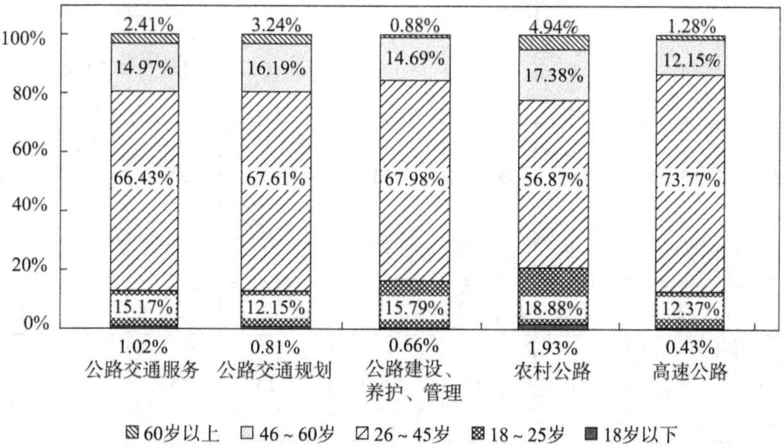

图 3-2　各调查领域对象年龄构成比较

3.1.3 调查对象学历构成

参与山东省公路交通服务社会满意度调查的调查对象共1576人，其中：学历在初中及以下的共234人，占总人数的14.85%；学历为高中或中专的共565人，占35.85%；学历为大专或本科的共731人，占46.38%；学历为研究生及以上的共46人，占2.92%。

参与公路交通规划社会满意度调查的调查对象共244人，其中：学历为初中及以下占总人数的4.05%，学历为高中及中专的占18.62%，学历为大专及本科的占65.18%，学历为研究生及以上的占12.15%。

参与公路交通建设、管理、养护社会满意度调查的调查对象共444人，其中：学历为初中及以下占总人数的10.09%，学历为高中及中专的占40.57%，学历为大专及本科的占48.24%，学历为研究生及以上的占1.10%。

参与农村公路服务社会满意度调查的调查对象共444人，其中：学历为初中及以下占总人数的31.55%，学历为高中及中专的占47.00%，学历为大专及本科的占20.82%，学历为研究生及以上的占0.63%。

参与高速公路服务社会满意度调查的调查对象共444人，其中：学历为初中及以下占总人数的8.74%，学历为高中及中专的占29.21%，学历为大专及本科的占59.70%，学历为研究生及以上的占2.35%。

各调查领域的调查对象学历构成统计结果见表3-3、如图3-3所示。从图表中可以看出，公路交通规划领域调查对象学历较高，以大专及大学本科为主，研究生占据的比例也较高；公路交通建设、管理、养护以及农村公路领域的调查对象学历以高中或中专为主，其次是初中及以下，这两类对象约占该该领域总调查对象的2/3。

调查对象学历构成 表3-3

调查领域	公路交通服务社会满意度调查		公路交通规划社会满意度调查		公路交通建设、管理、养护社会满意度调查		农村公路服务社会满意度调查		高速公路服务社会满意度调查	
	人数（人）	百分比（%）	人数（人）	百分比（%）	人数（人）	百分比（%）	人数（人）	百分比（%）	人数（人）	百分比（%）
初中及以下	234	14.85	10	4.05	45	10.09	140	31.55	39	8.74
高中及中专	565	35.85	45	18.62	180	40.57	209	47.00	130	29.21
大专及本科	731	46.38	159	65.18	214	48.24	92	20.82	265	59.70
研究生及以上	46	2.92	30	12.15	5	1.10	3	0.63	10	2.35
合计	1576	100	244	100	444	100	444	100	444	100

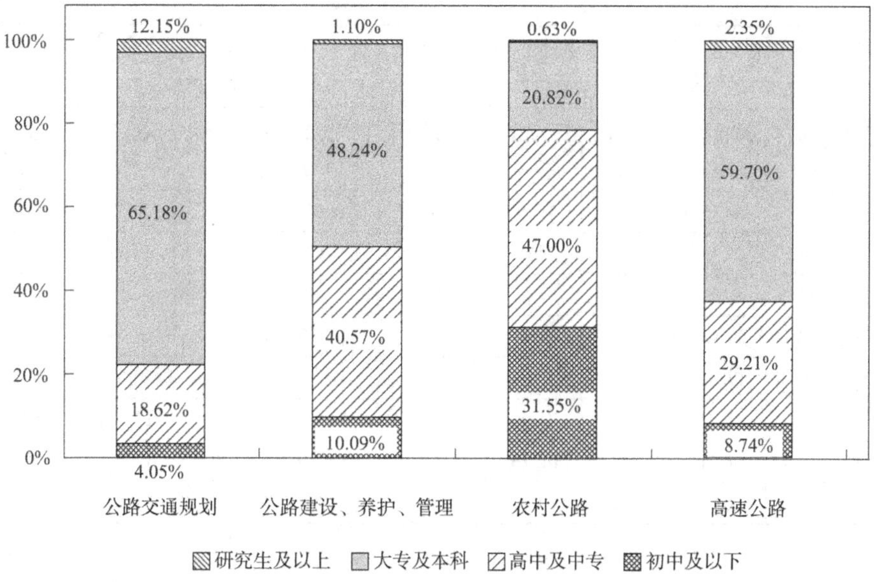

图3-3　各调查领域调查对象学历构成比较

3.1.4　调查对象职业构成

参与山东省公路交通服务社会满意度调查的调查对象共1576人，其中：学生共21人，占总人数的1.33%；教师共37人，占2.35%；公务员共142人，占9.01%；工人共322人，占20.43%；农民共270人，占17.13%；公司员工共513人，占32.55%，其他共271人，占17.20%。

参与公路交通规划社会满意度调查的调查对象共244人，其中：学生3人，占总人数的1.22%；教师23人，占总人数的9.43%；公务员69人，占总人员的28.28%；工人48人，占总人数的19.67%；农民14人，占总人数的5.74%；公司员工51人，占总人数的20.91%；其他共36人，占总人数的14.75%。

参与公路交通建设、管理、养护社会满意度调查的调查对象共444人，其中：学生3人，占总人数的0.67%；教师3人，占总人数的0.67%；公务员13人，占总人数的2.93%；工人103人，占总人数的23.20%；农民51人，占总人数的11.49%；公司员工224人，占总人数的50.45%；其他共47人，占总人数的10.59%。

参与农村公路服务社会满意度调查的调查对象共444人，其中：学生12人，占总人数的2.70%；教师6人，占总人数的1.35%；公务员19人，占总人数的4.28%；工人75人，占总人数的16.89%；农民181人，占总人数的40.77%；公司员工81人，占总人数的18.24%；其他职业70人，占总人数的15.77%。

参与高速公路服务社会满意度调查的调查对象共444人，其中：学生3人，占总人数的0.67%；教师5人，占总人数的1.13%；公务员41人，占总人数的9.23%；工人96人，占总人数的21.62%；农民24人，占总人数的5.41%；公司员工157人，占总人数的35.36%；其他职业118人，占总人数的26.58%。

各调查领域的调查对象职业构成统计结果见表3-4、如图3-4所示。

调查对象职业构成 表3-4

调查领域	公路交通服务社会满意度调查		公路交通规划社会满意度调查		公路交通建设、管理、养护社会满意度调查		农村公路服务社会满意度调查		高速公路服务社会满意度调查	
	人数（人）	百分比（%）	人数（人）	百分比（%）	人数（人）	百分比（%）	人数（人）	百分比（%）	人数（人）	百分比（%）
学生	21	1.33	3	1.23	3	0.67	12	2.70	3	0.67
教师	37	2.35	23	9.43	3	0.67	6	1.35	5	1.13
公务员	142	9.01	69	28.28	13	2.93	19	4.28	41	9.23
工人	322	20.43	48	19.67	103	23.20	75	16.89	96	21.62
农民	270	17.13	14	5.74	51	11.49	181	40.77	24	5.41
公司员工	513	32.55	51	20.90	224	50.45	81	18.24	157	35.36
其他	271	17.20	36	14.75	47	10.59	70	15.77	118	26.58
合计	1576	100	244	100	444	100	444	100	444	100

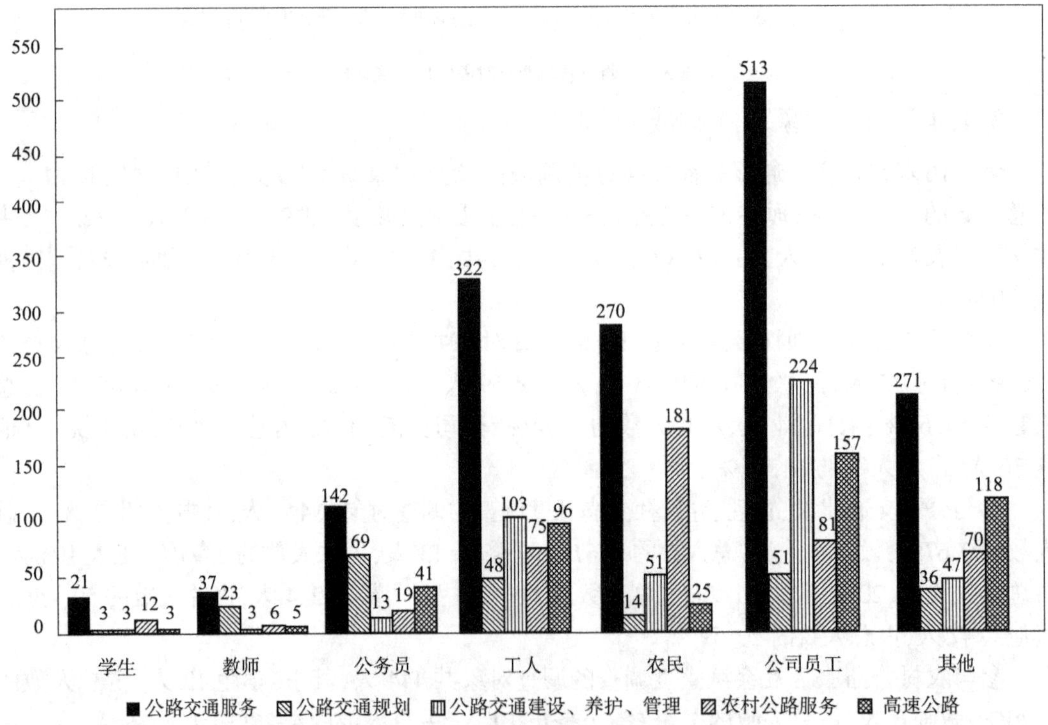

图3-4 各调查领域调查对象职业构成比较

3.1.5 调查对象月收入水平

参与山东省公路交通服务社会满意度调查的调查对象共1576人，其中：收入在1000元以下的共245人，占总人数的15.55%；收入在1000～2000元的共625人，占总人数的39.66%；收入在2000～3000元的共532人，占总人数的33.76%；收入在3000～5000元的共145人，占总人数的9.20%；收入在5000～10000元的共19人，占总人数的1.21%；收入在10000元以上的共10人，占总人数的0.63%。

各领域调查对象,月收入水平的统计结果见表 3-5。从表 3-5 中可以看出,公路交通建设、管理、养护和高速公路调查对象的收入水平构成特点相似,以月收入 3000 元作为分界线,前者约 89% 以上的调查对象月收入在 3000 元以下,后者约 87% 的调查对象月收入在 3000 元以下。比较结果如图 3-5 所示。

调查对象月收入水平　　表 3-5

调查领域	公路交通服务社会满意度调查		公路交通规划社会满意度调查		公路交通建设、管理、养护社会满意度调查		农村公路服务社会满意度调查		高速公路服务社会满意度调查	
	人数（人）	百分比（%）	人数（人）	百分比（%）	人数（人）	百分比（%）	人数（人）	百分比（%）	人数（人）	百分比（%）
1000 元以下	245	15.55	20	8.20	58	13.06	129	29.05	38	8.56
1000~2000元	625	39.66	74	29.92	181	40.77	195	43.92	176	39.64
2000~3000元	532	33.76	107	43.85	157	35.36	95	21.40	173	38.96
3000~5000元	145	9.20	40	16.39	41	9.23	20	4.50	44	9.91
5000~10000元	19	1.21	4	1.64	5	1.13	4	0.90	6	1.35
10000 元以上	10	0.63	0	0	2	0.45	1	0.23	7	1.58
合计	1576	100	244	100	444	100	444	100	444	100

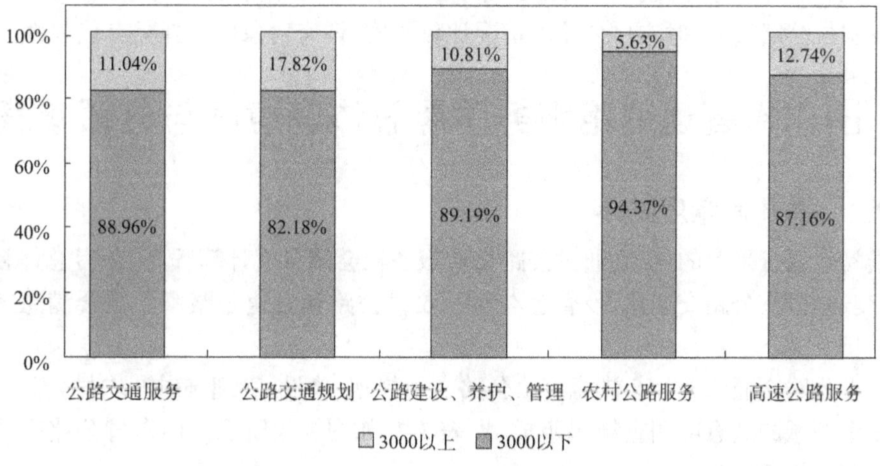

图 3-5　各调查领域调查对象月收入水平比较

3.1.6　调查对象驾驶信息

参与山东省公路交通服务社会满意度调查的调查对象共 1576 人,其中有驾驶证的共 942 人,占总调查人数的 59.77%;无驾驶证的共 634 人,占总调查人数的 40.23%。被调查者驾驶信息构成,如图 3-6 所示。

参与公路交通建设、管理、养护社会满意度调查的 444 名调查对象中,有驾驶证的共 354 人,占总人数的 79.73%;无驾驶证的共 90 人,占总人数的20.27%。调查对象经常驾驶的车型,大型车占 55.70%,小型车占 44.30%;58.97% 属于私家车,31.80% 属于公司或单位的车辆。调查对象行驶最多的道路以一般公路和高速公路为主,见表 3-6、如图 3-7 所示,两类道路的选择比例约占70%。

调查对象行驶最多的道路　　表3-6

道路类型	人数(人)	百分比(%)	道路类型	人数(人)	百分比(%)
高速公路	101	22.59	农村公路	60	13.38
一般公路	208	46.71	城镇道路	77	17.32

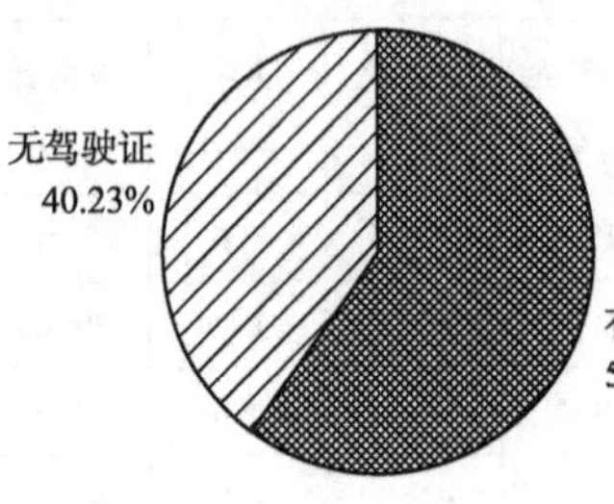

图3-6　被调查人员驾驶信息构成图

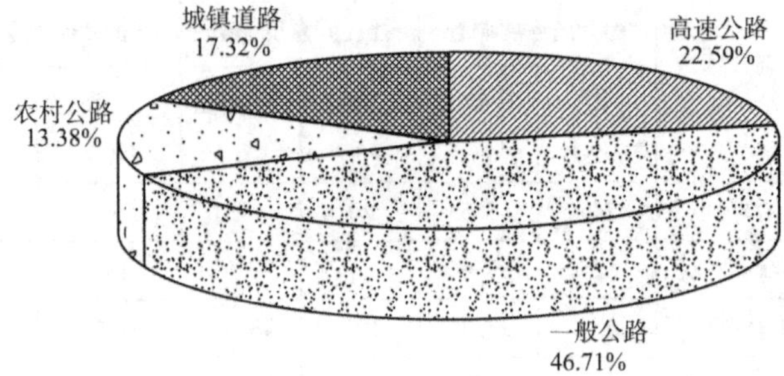

图3-7　调查对象行驶不同道路的比例

参与农村公路服务社会满意度调查的444名调查对象中,有驾驶证的占总人数的57.53%,无驾驶证的共占总人数的42.47%。调查对象经常驾驶的车辆,大型车占61.59%,小型车占38.41%;62.45%属于私家车,28.76%属于公司或单位的车辆。共有90.13%的调查对象经常在农村公路行驶,对农村公路的情况比较了解,调查对象的选择具有代表性。

3.2　山东省高速公路服务质量总体满意度与分领域满意度

3.2.1　总体满意度统计

根据问卷调查采集的信息,通过公路交通服务社会满意度计算程序,获得总体社会满意度,公路交通规划、公路交通建设/管理/养护、农村公路和高速公路服务社会满意度的调查结果。

山东省公路交通服务社会满意度由公路交通规划、建设、管理、养护、农村公路和高速公路服务6个领域的满意度调查结果组成,见表3-7、如图3-8所示。山东省公路交通服务社会总体满意度为79.65分。

公路交通服务社会总体社会满意度　　表3-7

调查领域	满意度(分)	权重	总体满意度(分)
公路交通规划	83.45	0.167	79.65
公路交通建设	79.57	0.167	
公路交通管理	78.58	0.167	
公路交通养护	78.87	0.167	
农村公路服务	75.68	0.167	
高速公路服务	81.77	0.167	

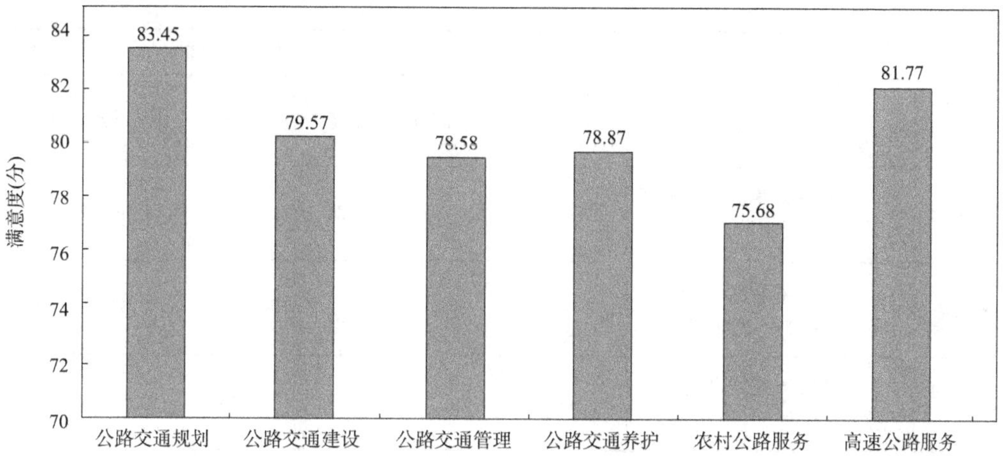

图3-8 山东省公路交通服务各领域社会满意度

从图3-8可以看出，在这6个领域中，公路交通规划的社会满意度较高，其次是高速公路服务社会满意度，公路交通建设、管理、养护的社会满意度差别不大，农村公路服务社会满意度相对较低。

3.2.2 分领域满意度对比分析

1)公路交通规划社会满意度

公路交通规划社会满意度调查指标体系中，各指标的权重见表3-8。它包括用户期望、感知质量、感知价值、用户满意、行业形象和用户信任6个潜变量。其中，感知质量包括6个测量变量，即土地利用合理性、公路网布局合理性、技术等级构成合理性、建设顺序合理性、交通枢纽规划合理性、环境生态保护重视程度。感知价值包括3个测量变量，即公路规划发挥的作用、对公路规划工作的重视程度、公路规划工作的效果。

公路交通规划服务满意度指标体系中各指标的权重 表3-8

潜变量	测量变量	权重	评定等级分布				
			非常不满意	不满意	一般	比较满意	非常满意
用户期望	交通基础设施规划满足经济和社会发展需要的总体期望	—	0	0.01	0.13	0.61	0.25
感知质量	土地利用合理性	0.17	0	0.01	0.35	0.51	0.13
	公路网布局合理性	0.15	0	0.01	0.24	0.58	0.17
	技术等级构成合理性	0.18	0	0.02	0.28	0.53	0.17
	建设顺序合理性	0.15	0	0.01	0.23	0.59	0.17
	交通枢纽规划合理性	0.15	0	0	0.21	0.56	0.23
	环境生态保护重视程度	0.20	0	0.03	0.27	0.51	0.19
感知价值	公路规划发挥的作用	0.33	0	0	0.09	0.22	0.69
	对公路规划工作的重视程度	0.31	0	0.01	0.19	0.6	0.2
	公路规划工作的效果	0.36	0	0.02	0.15	0.58	0.25

续上表

潜变量	测 量 变 量	权重	评定等级分布				
			非常不满意	不满意	一般	比较满意	非常满意
用户满意	当前公路交通基础设施规划的总体满意度	—	0	0.004	0.19	0.595	0.211
行业形象	公路交通基础设施规划所体现出的交通系统社会责任感评价	—	0	0	0.19	0.52	0.29
用户信任	对公路交通基础设施规划工作的信任度	—	0	0	0.18	0.55	0.27

公路交通规划的社会满意度调查结果见表3-9。

公路交通规划社会满意度调查结果 表3-9

潜变量	测 量 变 量	权重	满意度(分)		公路交通规划满意度
用户期望	交通基础设施规划满足经济和社会发展需要的总体期望	0.167	84.90		83.45
感知质量	土地利用合理性	0.167	77.00	79.80	
	公路网布局合理性		80.70		
	技术等级构成合理性		79.10		
	建设顺序合理性		80.90		
	交通枢纽规划合理性		82.60		
	环境生态保护重视程度		79.00		
感知价值	公路规划发挥的作用	0.167	85.90	84.20	
	对公路规划工作的重视程度		82.80		
	公路规划工作的效果		83.70		
用户满意	当前公路交通基础设施规划的总体满意度	0.167	83.10		
行业形象	公路交通基础设施规划所体现出的交通系统社会责任感评价	0.166	84.40		
用户信任	对公路交通基础设施规划工作的信任度	0.166	84.30		

感知质量的各个测量变量满意度如图3-9所示。在6个测量变量中,交通枢纽规划合理性满意度最高,土地利用合理性满意度最低。

感知价值的各个测量变量满意度如图3-10所示。在3个测量变量中,公路规划发挥的作用满意度最高,对公路规划工作的重视程度满意度最低。

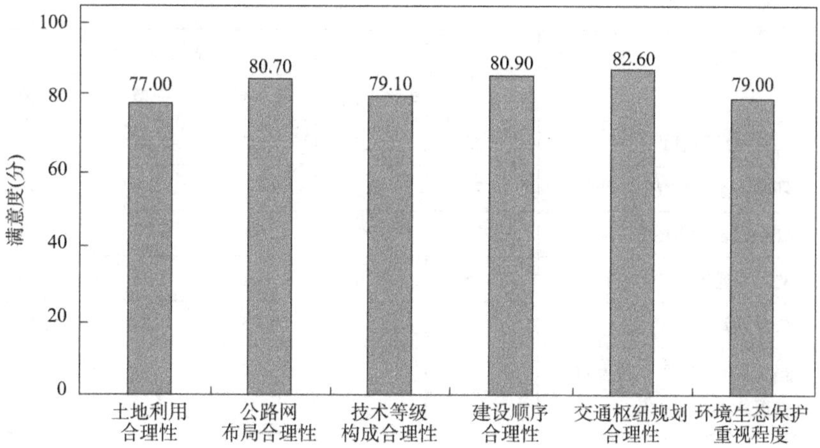

图3-9　公路交通规划感知质量满意度

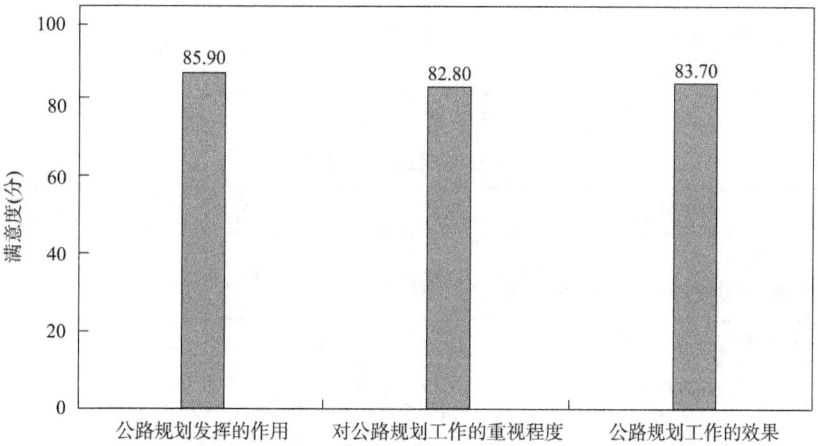

图3-10　公路交通规划感知价值满意度

2)公路交通建设社会满意度

在公路交通建设社会满意度调查指标体系中,各指标的权重见表3-10。用户期望、感知质量、感知价值、用户满意、行业形象和用户信任为6个潜变量。其中,感知质量包括4个测量变量,即公路建设质量评价、公路建设速度评价、公路建设监管评价、环境生态保护情况;感知价值包括3个测量变量,即公路建设发挥的作用、对公路建设工作的重视程度、公路建设工作的效果。

公路交通建设满意度指标体系中各指标的权重　　表3-10

潜变量	测量变量	权重	评定等级分布				
			非常不满意	不满意	一般	比较满意	非常满意
用户期望	交通基础设施建设满足经济和社会发展需要程度的期望	—	0.004	0.009	0.16	0.658	0.169
感知质量	公路建设质量评价	0.26	0.01	0.04	0.29	0.51	0.15
	公路建设速度评价	0.26	0.01	0.04	0.23	0.55	0.17

续上表

潜变量	测量变量	权重	评定等级分布				
			非常不满意	不满意	一般	比较满意	非常满意
感知质量	公路建设监管评价	0.26	0.01	0.03	0.33	0.48	0.15
	环境生态保护情况	0.22	0	0.03	0.3	0.51	0.16
感知价值	公路建设发挥的作用	0.28	0.005	0.002	0.14	0.49	0.35
	对公路建设工作的重视程度	0.35	0.01	0.01	0.29	0.53	0.16
	公路建设工作的效果	0.37	0	0.05	0.14	0.57	0.24
用户满意	当前公路交通基础设施建设情况的总体满意度	—	0	0.03	0.22	0.55	0.2
行业形象	公路交通基础设施建设所体现出的交通系统社会责任感评价	—	0	0.01	0.25	0.47	0.27
用户信任	对公路交通基础设施建设领域出现问题的谅解程度	—	0.01	0.04	0.41	0.4	0.14

公路交通建设的社会满意度调查结果见表3-11。

公路交通建设社会满意度 表3-11

潜变量	测量变量	权重	满意度(分)		公路交通建设满意度(分)
用户期望	交通基础设施建设满足经济和社会发展需要的总体期望	0.167	82.70		79.57
感知质量	公路建设质量评价	0.167	76.20	77.10	
	公路建设速度评价		78.40		
	公路建设监管评价		76.30		
	环境生态保护情况		77.60		
感知价值	公路建设发挥的作用	0.167	86.20	82.10	
	对公路建设工作的重视程度		78.70		
	公路建设工作的效果		82.20		
用户满意	当前公路交通基础设施建设情况的总体满意度	0.167	80.60		
行业形象	公路交通基础设施建设所体现出的交通系统社会责任感评价	0.166	81.60		
用户信任	对公路交通基础设施建设领域出现问题的谅解程度	0.166	73.30		

感知质量的各个测量变量满意度如图3-11所示。在4个变量中,公路建设速度评价满意度最高,公路建设质量评价满意度最低。

感知价值的各个测量变量满意度如图3-12所示。在3个变量中,公路建设发挥的作用满意度最高,对公路建设工作的重视程度满意度最低。

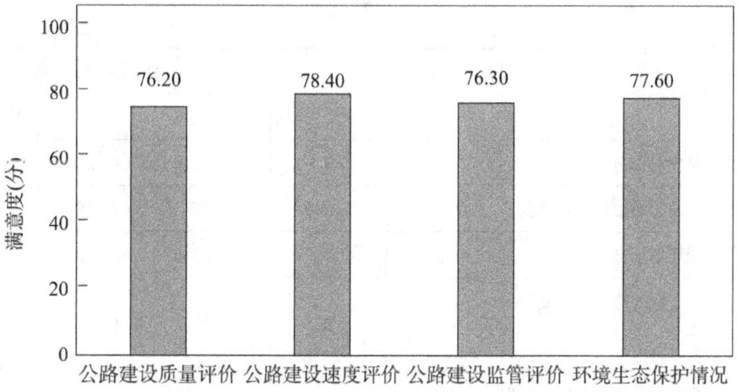

图3-11 公路交通建设感知质量满意度

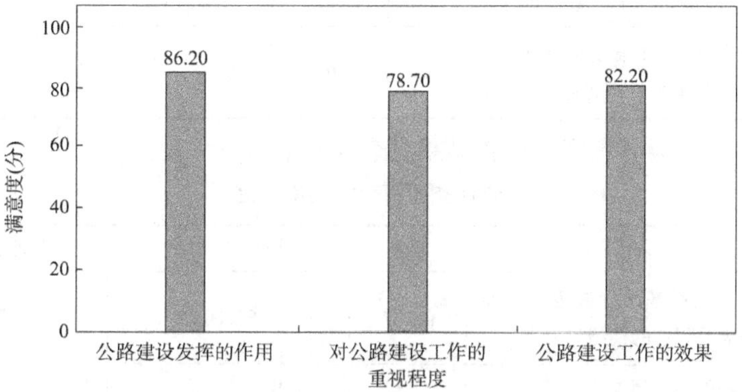

图3-12 公路交通建设感知价值满意度

3)公路交通管理社会满意度

公路交通管理社会满意度调查指标体系中,各指标的权重见表3-12。用户期望、感知质量、感知价值、用户满意、行业形象和用户信任为6个潜变量。其中,感知质量包括7个测量变量,即公路配套设施评价、公路交通秩序评价、公路交通信息服务评价、紧急救助评价、突发事件应急能力评价、公路交通安全评价、方便快捷实现情况评价;感知价值包括3个测量变量,即公路管理发挥的作用、对公路管理工作的重视程度、公路管理工作的效果。

指标体系中的各指标的权重 表3-12

潜变量	测量变量	权重	评定等级分布				
			非常不满意	不满意	一般	比较满意	非常满意
用户期望	公路交通基础设施管理满足自身需要程度的期望	—	0	0.01	0.25	0.55	0.19
感知质量	公路配套设施评价	0.13	0	0.01	0.34	0.46	0.19
	公路交通秩序评价	0.17	0.01	0.04	0.38	0.40	0.17
	公路交通信息服务评价	0.14	0	0.03	0.37	0.43	0.17
	紧急救助评价	0.14	0	0.02	0.37	0.41	0.2
	突发事件应急能力评价	0.14	0	0.03	0.33	0.45	0.19
	公路交通安全评价	0.15	0	0.04	0.34	0.45	0.17
	对方便、快捷实现情况评价	0.13	0	0.02	0.29	0.50	0.19

续上表

潜变量	测量变量	权重	评定等级分布				
			非常不满意	不满意	一般	比较满意	非常满意
感知价值	公路管理发挥的作用	0.31	0	0.01	0.21	0.50	0.28
	对公路管理工作的重视程度	0.34	0.005	0.005	0.38	0.47	0.14
	公路管理工作的效果	0.35	0	0.03	0.22	0.54	0.21
用户满意	公路交通基础设施管理的总体满意度	—	0	0.01	0.31	0.50	0.18
行业形象	公路交通基础设施管理所体现出的交通系统社会责任感评价	—	0	0.01	0.31	0.45	0.23
用户信任	对公路交通基础设施管理领域出现问题的谅解程度	—	0	0.02	0.38	0.47	0.13

公路交通管理社会满意度的调查结果见表3-13。

公路交通管理社会满意度 表3-13

潜变量	测量变量	权重	满意度(分)		公路交通管理满意度(分)
用户期望	公路交通基础设施管理满足自身需要程度的期望	0.167	81.00		78.58
感知质量	公路配套设施评价	0.167	78.10	76.70	
	公路交通秩序评价		74.50		
	公路交通信息服务评价		76.00		
	紧急救助评价		77.00		
	突发事件应急能力评价		77.40		
	公路交通安全评价		76.10		
	对方便、快捷实现情况评价		78.60		
感知价值	公路管理发挥的作用	0.167	82.90	79.80	
	对公路管理工作的重视程度		76.20		
	公路管理工作的效果		80.60		
用户满意	公路交通基础设施管理的总体满意度	0.167	78.90		
行业形象	公路交通基础设施管理所体现出的交通系统社会责任感评价	0.166	79.80		
用户信任	对公路交通基础设施管理领域出现问题的谅解程度	0.166	75.30		

感知质量的各个测量变量满意度如图3-13所示。在7个变量中,对方便、快捷实现情况的评价满意度最高,公路交通秩序的评价满意度最低。

感知价值的各个测量变量满意度如图3-14所示。在3个变量中,公路管理发挥的作用满意度最高,对公路管理工作的重视程度满意度最低。

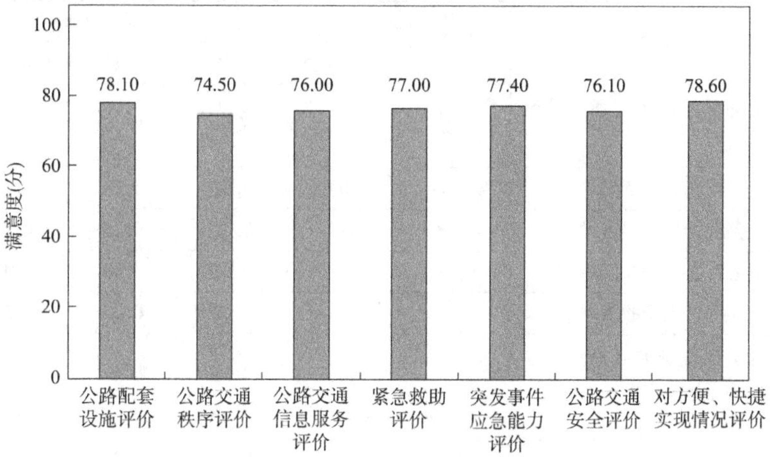

图3-13　公路交通管理感知质量满意度

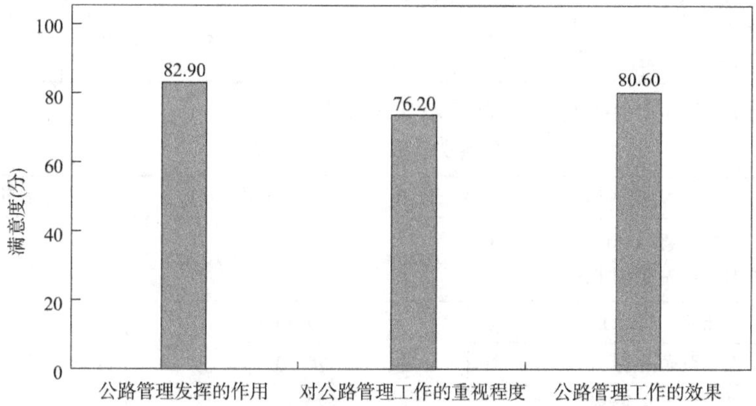

图3-14　公路交通管理感知价值满意度

4)公路交通养护社会满意度

公路交通养护社会满意度调查指标体系中,各指标的权重见表3-14。用户期望、感知质量、感知价值、用户满意、行业形象和用户信任为6个潜变量。其中,感知质量包括5个测量变量,即公路养护及时性评价、公路路面质量评价;公路桥梁状况评价、公路养护施工交通影响情况评价、公路美化绿化情况评价;感知价值包括3个测量变量,即公路养护发挥的作用、对公路养护工作的重视程度、公路养护工作的效果。

公路交通养护指标体系中各指标的权重　　表3-14

潜变量	测量变量	权重	评定等级分布				
			非常不满意	不满意	一般	比较满意	非常满意
用户期望	公路交通基础设施养护满足自身需要程度的期望	—	0	0	0.28	0.52	0.20
感知质量	公路养护及时性评价	0.19	0.01	0.02	0.34	0.47	0.16
	公路路面质量评价	0.21	0	0.03	0.34	0.45	0.18
	公路桥梁状况评价	0.20	0	0.03	0.31	0.47	0.19

续上表

潜变量	测量变量	权重	评定等级分布				
			非常不满意	不满意	一般	比较满意	非常满意
感知质量	公路养护施工交通影响情况评价	0.22	0	0.03	0.35	0.43	0.19
	公路美化绿化情况评价	0.18	0	0.01	0.29	0.47	0.23
感知价值	公路养护发挥的作用	0.28	0.01	0.01	0.18	0.54	0.26
	对公路养护工作的重视程度	0.41	0.01	0.01	0.39	0.44	0.15
	公路养护工作的效果	0.31	0	0.02	0.23	0.50	0.25
用户满意	对公路交通基础设施养护情况的总体满意度	—	0	0.01	0.31	0.48	0.20
行业形象	公路交通基础设施养护所体现出交通系统的社会责任感评价	—	0	0.01	0.29	0.48	0.22
用户信任	对公路交通基础设施养护领域出现问题的谅解程度	—	0	0.03	0.36	0.44	0.17

公路交通养护的社会满意度调查结果如表3-15所示。

公路交通养护社会满意度　　表3-15

潜变量	测量变量	权重	满意度(分)		公路交通养护满意度(分)
用户期望	公路交通基础设施养护满足自身需要程度的期望	0.167	80.50		78.87
感知质量	公路养护及时性评价	0.167	76.80	77.50	
	公路路面质量评价		76.90		
	公路桥梁状况评价		77.80		
	公路养护施工交通影响情况评价		76.40		
	公路美化绿化情况评价		80.00		
感知价值	公路养护发挥的作用	0.167	83.40	79.50	
	对公路养护工作的重视程度		75.10		
	公路养护工作的效果		81.70		
用户满意	对公路交通基础设施养护情况的总体满意度	0.167	79.30		
行业形象	公路交通基础设施养护所体现出交通系统的社会责任感评价	0.166	80.20		
用户信任	对公路交通基础设施养护领域出现问题的谅解程度	0.166	76.20		

感知质量的各个测量变量满意度如图3-15所示。在5个变量中,公路美化绿化情况评价满意度最高,公路养护及时性和公路养护施工交通影响情况评价满意度最低。

感知价值的各个测量变量满意度如图3-16所示。在3个变量中,公路养护发挥的作用满意度最高，对公路养护工作的重视程度满意度最低。

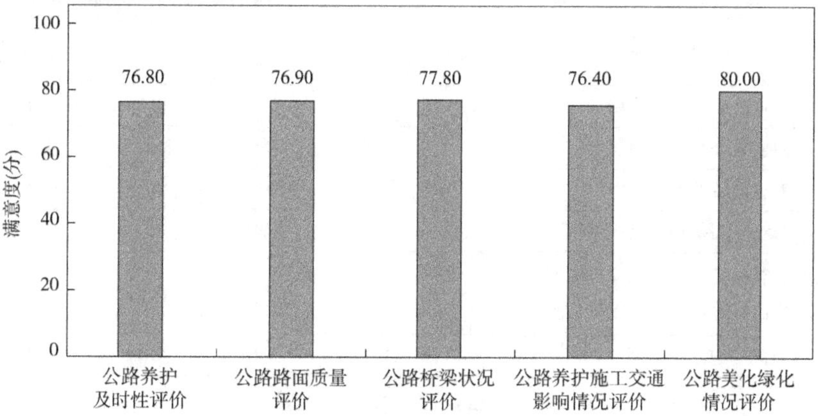

图 3-15　公路交通养护感知质量满意度

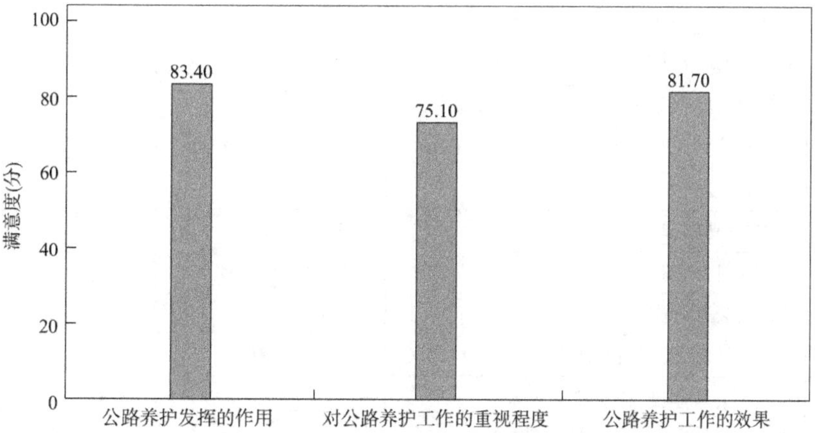

图 3-16　公路交通养护感知价值满意度

5）农村公路服务社会满意度

农村公路服务社会满意度调查指标体系中，各指标的权重见表 3-16。用户期望、感知质量、感知价值、用户满意、行业形象和用户信任为 6 个潜变量。其中，感知质量包括 3 个测量变量，即农村公路建设质量评价、农村公路管理工作评价、农村公路养护工作评价；感知价值包括 3 个测量变量，即农村公路发挥的作用、对农村公路的重视程度、农村公路的效果。农村公路服务社会满意度的调查结果见表 3-17。

指标体系中的各指标的权重　　表 3-16

潜变量	测量变量	权重	评定等级分布				
			非常不满意	不满意	一般	比较满意	非常满意
用户期望	农村公路服务农村经济及社会发展的总体期望	—	0	0.04	0.22	0.52	0.22
感知质量	农村公路建设质量评价	0.37	0.03	0.08	0.27	0.44	0.18
	农村公路管理工作评价	0.31	0.02	0.05	0.29	0.43	0.21
	农村公路养护工作评价	0.32	0.02	0.07	0.3	0.42	0.19

续上表

潜变量	测量变量	权重	评定等级分布				
			非常不满意	不满意	一般	比较满意	非常满意
感知价值	农村公路发挥的作用	0.19	0	0.01	0.12	0.47	0.4
	对农村公路的重视程度	0.21	0.01	0.02	0.25	0.6	0.12
	农村公路的效果	0.60	0.02	0.18	0.18	0.41	0.21
用户满意	对农村公路服务的总体满意度	—	0.01	0.07	0.26	0.48	0.18
行业形象	农村公路建设、管理养护所体现出交通系统的社会责任感	—	0.01	0.04	0.31	0.42	0.22
用户信任	对问题的谅解程度	—	0.01	0.08	0.41	0.36	0.14

农村公路服务社会满意度 表 3-17

潜变量	测量变量	权重	满意度(分)		农村公路服务满意度(分)
用户期望	农村公路服务农村经济及社会发展的总体期望	0.167	80.60		75.68
感知质量	农村公路建设质量评价	0.167	73.10	74.20	
	农村公路管理工作评价		75.40		
	农村公路养护工作评价		74.20		
感知价值	农村公路发挥的作用	0.167	87.20	76.00	
	对农村公路的重视程度		78.80		
	农村公路的效果		71.60		
用户满意	对农村公路服务的总体满意度	0.167	76.10		
行业形象	农村公路建设、管理养护所体现交通系统的社会责任感评价	0.166	76.80		
用户信任	对问题的谅解程度	0.166	70.40		

感知质量的各个测量变量满意度如图 3-17 所示。在 3 个变量中,农村公路管理工作评价满意度最高,农村公路建设质量评价满意度最低。

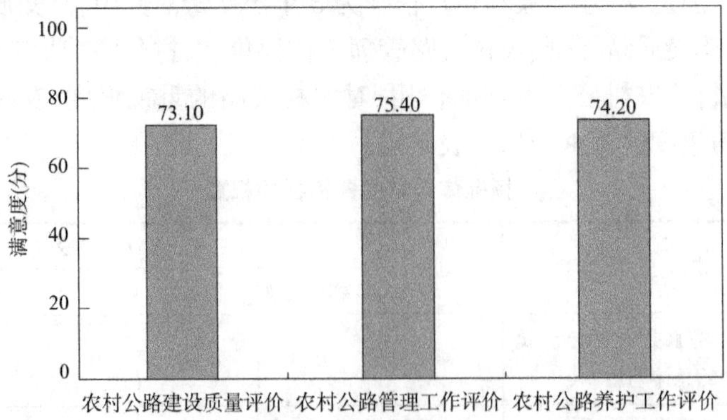

图 3-17 农村公路服务感知质量满意度

感知价值的各个测量变量满意度如图 3-18 所示。在 3 个变量中,农村公路发挥的作用满意度最高,农村公路的效果满意度最低。

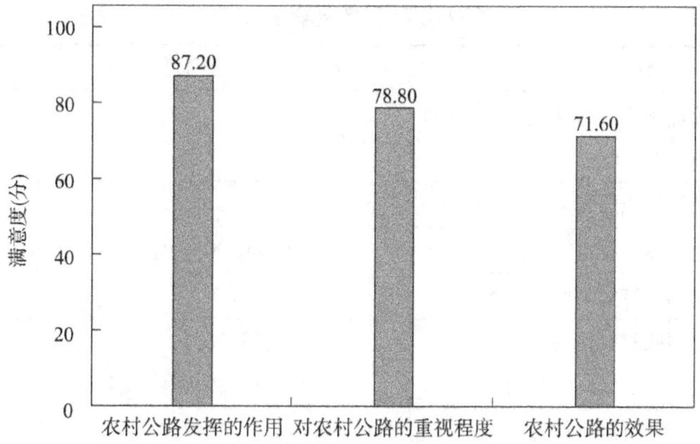

图 3-18　农村公路服务感知价值满意度

6）高速公路服务社会满意度

高速公路服务社会满意度调查指标体系中，各指标的权重见表 3-18。用户期望、感知质量、感知价值、用户满意、行业形象和用户信任为 6 个潜变量。其中，感知质量包括 6 个测量变量，即高速公路沿线的绿化美化评价、高速公路路面质量评价、高速公路防护设施评价、高速公路收费时间评价、高速公路应急反应时间评价、高速公路服务区评价；感知价值包括 2 个测量变量，即在当前投入状况下，对高速公路营运对环境、生态保护重视程度的评价、在当前高速公路服务水平下，对投入情况的评价、与其他交通形式相比的投入产出比评价。高速公路服务社会满意度的调查结果见表 3-19。

指标体系中的各指标的权重　　表 3-18

潜变量	测量变量	权重	评定等级分布				
			非常不满意	不满意	一般	比较满意	非常满意
用户期望	高速公路服务经济及社会发展的总体期望	—	0	0.02	0.16	0.54	0.28
感知质量	高速公路沿线的绿化美化的评价	0.15	0	0.02	0.23	0.43	0.32
	高速公路路面质量的评价	0.18	0.01	0.03	0.26	0.42	0.29
	高速公路两侧防护设施的评价	0.14	0	0.01	0.27	0.42	0.30
	高速公路收费时间的评价	0.20	0.01	0.04	0.24	0.41	0.30
	高速公路应急反应时间的评价	0.15	0	0.03	0.25	0.42	0.30
	高速公路服务区的评价	0.18	0.01	0.03	0.26	0.46	0.24
感知价值	对环境、生态保护重视程度的评价	0.46	0.02	0.02	0.22	0.47	0.27
	高速公路投入情况的评价	0.54	0.01	0.06	0.20	0.44	0.29
用户满意	高速公路服务的总体满意度	—	0	0.02	0.19	0.50	0.29
行业形象	高速公路运营所体现出交通系统的社会责任感评价	—	0	0.02	0.21	0.47	0.31
用户信任	高速公路营运领域出现问题的谅解程度	—	0.01	0.04	0.30	0.30	0.35

高速公路服务社会满意度 表3-19

潜变量	测量变量	权重	满意度(分)		高速公路服务满意度(分)
用户期望	高速公路服务经济及社会发展的总体期望	0.167	84.10		81.77
感知质量	高速公路沿线的绿化美化的评价	0.167	82.90	80.60	
	高速公路路面质量的评价		80.00		
	高速公路两侧防护设施的评价		81.70		
	高速公路收费时间的评价		79.70		
	高速公路应急反应时间的评价		81.30		
	高速公路服务区的评价		79.10		
感知价值	对环境、生态保护重视程度的评价	0.167	80.90	80.40	
	高速公路投入情况的评价		80.00		
用户满意	高速公路服务的总体满意度	0.167	82.90		
行业形象	高速公路运营所体现出交通系统的社会责任感评价	0.166	83.20		
用户信任	高速公路营运领域出现问题的谅解程度	0.166	79.40		

感知质量的各个测量变量满意度如图3-19所示。在6个变量中,高速公路沿线的绿化美化的评价满意度最高,高速公路服务区的评价满意度最低。

感知价值的各个测量变量满意度如图3-20所示。在2个变量中,对环境、生态保护重视程度的评价满意度要高于高速公路投入情况的评价满意度。

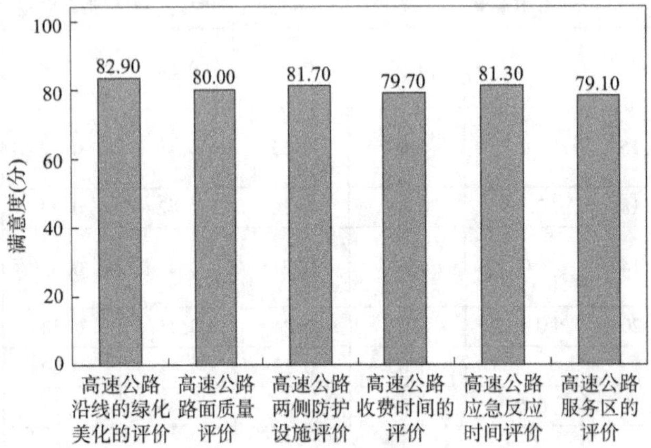

图3-19 高速公路服务感知质量社会满意度

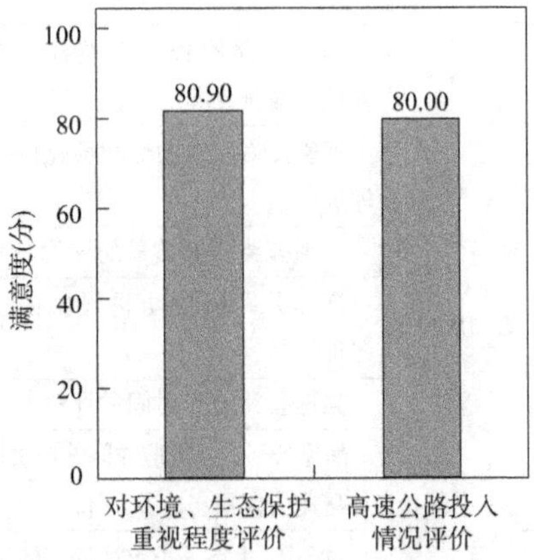

图3-20 高速公路服务感知价值社会满意度

3.3 各市满意度调查结果与分析

3.3.1 各市总体满意度

1)济南

济南市公路交通服务社会满意度6个调查领域的总体满意度为74.77分(表3-20)。从

表 3-20 中可以看出，在 6 个领域中，用户期望满意度最高的为公路交通建设领域，最低的为公路交通养护领域；感知质量满意度最高的为公路交通建设领域，最低的为公路交通管理领域；感知价值满意度最高的为公路交通规划领域，最低的为农村公路服务领域；用户满意满意度最高的为公路交通规划领域，最低的为公路交通管理领域；行业形象满意度最高的为农村公路服务领域，最低的为公路交通管理领域；用户信任满意度最高的为公路交通规划领域，最低的为公路交通管理领域。

济南市公路交通服务社会满意度(单位：分)　　表 3-20

调查领域	用户期望	感知质量	感知价值	用户满意	行业形象	用户信任	总体满意度
公路交通规划	76.40	72.90	82.60	78.00	78.00	76.90	74.77
公路交通建设	81.70	73.30	78.40	77.40	78.30	70.00	
公路交通管理	76.20	68.50	73.30	71.00	73.10	68.10	
公路交通养护	75.50	69.70	74.30	71.20	75.20	71.00	
农村公路服务	80.90	73.10	73.10	76.80	79.30	71.20	
高速公路服务	80.00	71.60	73.50	72.10	75.20	74.00	

2)青岛

青岛市公路交通服务社会满意度 6 个调查领域的总体满意度为 72.83 分(表 3-21)。从表 3-21 中可以看出，在 6 个领域中，用户期望满意度最高的为高速公路服务领域，最低的为公路交通管理领域；感知质量满意度最高的为高速公路服务领域，最低的为公路交通养护领域；感知价值满意度最高的为公路交通规划领域，最低的为公路交通养护领域；用户满意满意度最高的为公路交通规划领域，最低的为公路交通管理和养护领域；行业形象满意度最高的为公路交通规划领域，最低的为公路交通养护领域；用户信任满意度最高的为公路交通规划领域，最低的为公路交通管理领域。

青岛市公路交通服务社会满意度(单位：分)　　表 3-21

调查领域	用户期望	感知质量	感知价值	用户满意	行业形象	用户信任	总体满意度
公路交通规划	81.80	74.20	84.40	80.50	81.20	79.20	72.83
公路交通建设	79.20	69.90	73.30	72.70	73.00	64.00	
公路交通管理	70.80	66.60	67.90	65.80	67.40	63.40	
公路交通养护	71.10	63.10	66.90	65.80	65.50	64.00	
农村公路服务	81.60	69.70	74.50	71.90	73.40	67.90	
高速公路服务	82.10	78.60	79.90	79.90	78.20	72.60	

3)淄博

淄博市公路交通服务社会满意度 6 个调查领域的总体满意度为 78.83 分(表 3-22)。从表 3-22 中可以看出，在 6 个领域中，用户期望满意度最高的为高速公路服务领域，最低的为农村公路服务领域;感知质量满意度最高的为公路交通规划领域,最低的为农村公路服务领域;感知价值满意度最高的为公路交通规划领域,最低的为农村公路服务领域;用户满意满意度最高的为公路交通规划领域,最低的为农村公路服务领域;行业形象满意度最高的为公路交通养护领域,最低的为农村公路服务领域;用户信任满意度最高的为公路交通规划领域,最低的为农村公路服务领域。

淄博市公路交通服务社会满意度(单位:分)　　表3-22

调查领域	用户期望	感知质量	感知价值	用户满意	行业形象	用户信任	总体满意度
公路交通规划	81.00	82.80	88.90	87.60	84.80	87.60	78.83
公路交通建设	82.30	77.00	82.70	80.10	85.70	79.70	
公路交通管理	77.10	78.50	80.10	77.50	80.50	77.90	
公路交通养护	82.70	82.40	82.80	84.80	87.40	84.00	
农村公路服务	58.10	60.50	64.40	65.00	73.70	59.90	
高速公路服务	84.00	80.90	80.00	81.80	83.10	70.60	

4)枣庄

枣庄市公路交通服务社会满意度6个调查领域的总体满意度为81.22分(表3-23)。从表3-23中可以看出,在6个领域中,用户期望满意度最高的为公路交通建设领域,最低的为高速公路服务领域;感知质量满意度最高的为高速公路服务领域,最低的为公路交通规划领域;感知价值满意度最高的为公路交通建设领域,最低的为农村公路服务领域;用户满意满意度最高的为高速公路服务领域,最低的为农村公路服务领域;行业形象满意度最高的为高速公路服务领域,最低的为农村公路服务领域;用户信任满意度最高的为高速公路服务领域,最低的为公路交通建设领域。

枣庄市公路交通服务社会满意度(单位:分)　　表3-23

调查领域	用户期望	感知质量	感知价值	用户满意	行业形象	用户信任	总体满意度
公路交通规划	79.60	66.70	80.90	79.60	83.70	83.70	81.22
公路交通建设	84.80	82.00	86.80	82.10	82.10	70.50	
公路交通管理	81.30	79.80	83.40	84.80	84.80	72.30	
公路交通养护	77.70	82.10	84.70	88.40	86.60	73.20	
农村公路服务	83.70	73.20	70.40	77.60	80.60	75.50	
高速公路服务	70.70	85.90	85.00	94.60	90.50	94.60	

5)东营

东营市公路交通服务社会满意度6个调查领域的总体满意度为87.09分(表3-24)。从表3-24中可以看出,在6个领域中,用户期望满意度最高的为高速公路服务领域,最低的为公路交通建设领域;感知质量满意度最高的为公路交通规划领域,最低的为高速公路服务领域;感知价值满意度最高的为公路交通养护领域,最低的为高速公路服务领域;用户满意满意度最高的为农村公路服务领域,最低的为高速公路服务领域;行业形象满意度最高的为公路交通规划领域,最低的为高速公路服务领域;用户信任满意度最高的为公路交通规划领域,最低的为高速公路服务领域。

东营市公路交通服务社会满意度(单位:分)　表 3-24

调查领域	用户期望	感知质量	感知价值	用户满意	行业形象	用户信任	总体满意度
公路交通规划	86.70	90.80	86.50	87.80	91.80	91.80	87.09
公路交通建设	80.30	84.10	87.50	85.70	88.20	84.70	
公路交通管理	83.70	89.50	89.00	86.70	88.70	87.20	
公路交通养护	85.70	90.30	89.30	89.20	90.10	89.70	
农村公路服务	86.70	89.70	88.50	91.60	90.60	88.70	
高速公路服务	88.70	83.40	78.20	83.20	85.70	75.40	

6)烟台

烟台市公路交通服务社会满意度 6 个调查领域的总体满意度为 82.48 分(表 3-25)。从表 3-25 中可以看出,在 6 个领域中,用户期望满意度最高的为公路交通管理、养护领域,最低的高速公路服务领域;感知质量满意度最高的为公路交通建设领域,最低的为农村公路服务领域;感知价值满意度最高的为公路交通规划领域,最低的为农村公路服务领域;用户满意满意度最高的为高速公路服务领域,最低的为农村公路服务领域;行业形象满意度最高的为高速公路服务领域,最低的为农村公路服务领域;用户信任满意度最高的为高速公路服务领域,最低的为农村公路服务领域。

烟台市公路交通服务社会满意度(单位:分)　表 3-25

调查领域	用户期望	感知质量	感知价值	用户满意	行业形象	用户信任	总体满意度
公路交通规划	84.50	76.60	83.90	80.40	82.10	83.90	82.48
公路交通建设	85.40	85.00	78.40	84.20	87.20	76.50	
公路交通管理	88.70	82.90	80.40	86.90	88.40	82.70	
公路交通养护	88.70	84.30	78.30	86.90	87.20	82.10	
农村公路服务	84.30	72.90	69.80	75.00	73.10	66.50	
高速公路服务	81.20	82.00	83.40	87.30	89.30	99.00	

7)潍坊

潍坊市公路交通服务社会满意度 6 个调查领域的总体满意度为 78.79 分(表 3-26)。从表 3-26 中可以看出,在 6 个领域中,用户期望满意度最高的为高速公路服务领域,最低的公路交通养护领域;感知质量满意度最高的为农村公路服务领域,最低的为公路交通建设和管理领域;感知价值满意度最高的为公路交通管理领域,最低的为公路交通规划领域;用户满意满意度最高的为公路交通规划领域,最低的为公路交通养护领域;行业形象满意度最高的为公路交通规划领域,最低的为公路交通建设领域;用户信任满意度最高的为公路交通规划领域,最低的为公路交通建设领域。

潍坊市公路交通服务社会满意度(单位:分)　　表3-26

调查领域	用户期望	感知质量	感知价值	用户满意	行业形象	用户信任	总体满意度
公路交通规划	82.10	82.90	74.70	85.70	85.70	87.50	78.79
公路交通建设	82.70	74.10	79.30	77.50	77.50	65.40	
公路交通管理	81.80	74.10	80.10	77.10	80.10	70.60	
公路交通养护	76.20	74.40	78.50	73.20	78.40	74.90	
农村公路服务	83.70	85.00	76.20	81.60	79.10	72.40	
高速公路服务	85.30	78.70	78.10	81.90	81.50	78.60	

8)济宁

济宁市公路交通服务社会满意度6个调查领域的总体满意度为80.46分(表3-27)。从表3-27中可以看出,在6个领域中,用户期望满意度最高的为公路交通规划领域,最低的公路交通养护领域;感知质量满意度最高的为农村公路服务领域,最低的为高速公路服务领域;感知价值满意度最高的为公路交通建设领域,最低的为高速公路服务领域;用户满意满意度最高的为公路交通建设和农村公路服务领域,最低的为公路交通管理和养护领域;行业形象满意度最高的为公路交通规划领域,最低的为公路交通养护领域;用户信任满意度最高的为公路交通规划领域,最低的为高速公路服务领域。

济宁市公路交通服务社会满意度(单位:分)　　表3-27

调查领域	用户期望	感知质量	感知价值	用户满意	行业形象	用户信任	总体满意度
公路交通规划	90.80	76.50	83.30	80.60	86.70	83.70	80.46
公路交通建设	87.20	75.30	84.80	82.70	79.10	76.50	
公路交通管理	82.70	77.90	82.90	79.60	77.60	78.60	
公路交通养护	75.00	76.30	81.00	79.60	76.50	78.60	
农村公路服务	84.70	79.40	81.30	82.70	79.60	79.10	
高速公路服务	87.80	75.20	79.10	81.10	77.60	75.50	

9)泰安

泰安市公路交通服务社会满意度6个调查领域的总体满意度为71.04分(表3-28)。从表3-28中可以看出,在6个领域中,用户期望满意度最高的为公路交通规划领域,最低的为公路交通养护领域;感知质量满意度最高的为高速公路服务领域,最低的为农村公路服务领域;感知价值满意度最高的为公路交通规划领域,最低的为公路交通管理领域;用户满意满意度最高的为高速公路服务领域,最低的为农村公路服务领域;行业形象满意度最高的为公路交通规划领域,最低的为农村公路服务领域;用户信任满意度最高的为公路交通规划领域,最低的为公路交通建设和养护领域。

泰安市公路交通服务社会满意度(单位:分)　　表3-28

调查领域	用户期望	感知质量	感知价值	用户满意	行业形象	用户信任	总体满意度
公路交通规划	88.60	67.50	74.00	77.10	84.30	84.30	71.04
公路交通建设	73.80	65.80	72.50	72.20	69.80	61.90	
公路交通管理	77.00	63.40	66.60	67.50	64.30	62.70	
公路交通养护	70.60	68.50	70.10	69.80	66.70	61.90	
农村公路服务	79.70	61.90	72.80	58.60	60.20	64.70	
高速公路服务	83.50	76.50	69.20	80.50	79.70	69.20	

10)威海

威海市公路交通服务社会满意度6个调查领域的总体满意度为79.61分(表3-29)。从表3-29中可以看出,在6个领域中,用户期望满意度最高的为高速公路服务领域,最低的为农村公路服务领域;感知质量满意度最高的为公路交通规划领域,最低的为农村公路服务领域;感知价值满意度最高的为公路交通建设领域,最低的为农村公路服务领域;用户满意满意度最高的为高速公路服务领域,最低的为农村公路服务领域;行业形象满意度最高的为高速公路服务领域,最低的为农村公路服务领域;用户信任满意度最高的为高速公路服务领域,最低的为农村公路服务领域。

威海市公路交通服务社会满意度(单位:分)　　表3-29

调查领域	用户期望	感知质量	感知价值	用户满意	行业形象	用户信任	总体满意度
公路交通规划	84.10	83.20	82.30	82.50	82.50	82.50	79.61
公路交通建设	78.30	73.90	82.50	78.30	86.30	70.90	
公路交通管理	82.30	74.40	77.50	82.90	86.30	76.60	
公路交通养护	80.60	79.00	76.40	82.30	79.40	74.30	
农村公路服务	76.60	73.40	75.20	76.60	68.60	69.10	
高速公路服务	85.00	80.60	82.40	85.70	87.80	85.70	

11)日照

日照市公路交通服务社会满意度6个调查领域的总体满意度为88.89分(表3-30)。从表3-30中可以看出,在6个领域中,用户期望满意度最高的为公路交通规划领域,最低的为农村公路服务领域;感知质量满意度最高的为高速公路服务领域,最低的为农村公路服务领域;感知价值满意度最高的为公路交通管理领域,最低的为农村公路服务领域;用户满意满意度最高的为高速公路服务领域,最低的为公路交通规划和养护领域;行业形象满意度最高的为农村公路服务领域,最低的为公路交通养护领域;用户信任满意度最高的为公路交通规划领域,最低的为农村公路服务领域。

日照市公路交通服务社会满意度(单位:分) 表3-30

调查领域	用户期望	感知质量	感知价值	用户满意	行业形象	用户信任	总体满意度
公路交通规划	90.70	88.50	87.30	89.40	91.90	93.20	88.89
公路交通建设	89.40	87.20	91.30	93.20	91.30	85.10	
公路交通管理	90.10	84.60	92.00	91.90	91.90	85.70	
公路交通养护	89.40	86.50	88.00	89.40	88.20	87.60	
农村公路服务	81.00	83.50	79.40	89.80	93.90	83.00	
高速公路服务	89.30	91.50	89.70	93.80	93.80	87.50	

12)滨州

滨州市公路交通服务社会满意度6个调查领域的总体满意度为78.03分(表3-31)。从表3-31中可以看出,在6个领域中,用户期望满意度最高的为公路交通规划领域,最低的为公路交通管理领域;感知质量满意度最高的为公路交通规划领域,最低的为公路交通建设领域;感知价值满意度最高的为高速公路服务领域,最低的为农村公路服务领域;用户满意满意度最高的为公路交通规划领域,最低的为农村公路服务领域;行业形象满意度最高的为公路交通规划领域,最低的为公路交通建设领域;用户信任满意度最高的为公路交通规划领域,最低的为农村公路服务领域。

滨州市公路交通服务社会满意度(单位:分) 表3-31

调查领域	用户期望	感知质量	感知价值	用户满意	行业形象	用户信任	总体满意度
公路交通规划	90.00	80.10	81.50	82.90	81.40	82.90	78.03
公路交通建设	82.10	72.20	82.40	77.70	71.40	67.90	
公路交通管理	78.60	72.30	79.50	77.70	74.10	74.10	
公路交通养护	84.80	76.20	81.30	78.60	77.70	74.10	
农村公路服务	84.10	73.10	79.40	64.30	80.20	67.50	
高速公路服务	85.70	75.90	86.40	77.90	79.30	73.60	

13)德州

德州市公路交通服务社会满意度6个调查领域的总体满意度为77.69分(表3-32)。从表3-32中可以看出,在6个领域中,用户期望满意度最高的为农村公路和高速公路服务领域,最低的为公路交通管理领域;感知质量满意度最高的为高速公路服务领域,最低的为农村公路服务领域;感知价值满意度最高的为公路交通建设领域,最低的为农村公路服务领域;用户满意满意度最高的为高速公路服务领域,最低的为农村公路服务领域;行业形象满意度最高的为高速公路服务领域,最低的为农村公路服务领域;用户信任满意度最高的为公路交通管理领域,最低的为农村公路服务领域。

德州市公路交通服务社会满意度(单位:分)　　表 3-32

调查领域	用户期望	感知质量	感知价值	用户满意	行业形象	用户信任	总体满意度
公路交通规划	82.90	75.50	80.10	78.60	81.40	77.10	77.69
公路交通建设	82.00	75.10	85.90	78.20	78.20	74.40	
公路交通管理	75.20	77.90	79.00	77.40	78.20	77.40	
公路交通养护	75.90	79.30	79.80	77.40	78.90	72.90	
农村公路服务	85.00	63.20	76.00	73.60	65.00	55.70	
高速公路服务	85.00	84.50	81.80	85.00	86.40	77.10	

14)聊城

聊城市公路交通服务社会满意度 6 个调查领域的总体满意度为 79.98 分(表 3-33)。从表 3-33 中可以看出,在 6 个领域中,用户期望满意度最高的为公路交通养护领域,最低的为农村公路服务领域;感知质量满意度最高的为公路交通规划领域,最低的为农村公路服务领域;感知价值满意度最高的为公路交通规划领域,最低的为高速公路服务领域;用户满意满意度最高的为公路交通规划领域,最低的为农村公路服务领域;行业形象满意度最高的为高速公路服务领域,最低的为农村公路服务领域;用户信任满意度最高的为公路交通规划领域,最低的为农村公路服务领域。

聊城市公路交通服务社会满意度(单位:分)　　表 3-33

调查领域	用户期望	感知质量	感知价值	用户满意	行业形象	用户信任	总体满意度
公路交通规划	87.00	85.00	88.70	90.90	85.70	87.00	79.98
公路交通建设	83.30	72.60	85.10	83.30	84.90	67.50	
公路交通管理	87.30	79.20	86.80	84.90	81.70	76.20	
公路交通养护	88.90	77.00	85.00	79.40	81.00	73.00	
农村公路服务	81.00	60.70	75.70	65.90	62.70	56.30	
高速公路服务	88.10	82.40	71.10	85.70	87.30	81.00	

15)临沂

临沂市公路交通服务社会满意度 6 个调查领域的总体满意度为 84.80 分(表 3-34)。从表 3-34 中可以看出,在 6 个领域中,用户期望满意度最高的为高速公路服务领域,最低的为农村公路服务领域;感知质量满意度最高的为公路交通规划领域,最低的为公路交通管理领域;感知价值满意度最高的为公路交通建设领域,最低的为高速公路服务领域;用户满意满意度最高的为公路交通建设领域,最低的为公路交通规划和农村公路服务领域;行业形象满意度最高的为公路交通建设领域,最低的为公路交通规划领域;用户信任满意度最高的为公路交通规划领域,最低的为农村公路服务领域。

临沂市公路交通服务社会满意度(单位:分) 表 3-34

调查领域	用户期望	感知质量	感知价值	用户满意	行业形象	用户信任	总体满意度
公路交通规划	85.70	86.50	85.40	83.10	84.40	84.40	84.80
公路交通建设	88.20	86.30	89.60	91.30	90.70	80.10	
公路交通管理	87.60	82.90	88.30	88.20	84.50	82.00	
公路交通养护	85.70	83.20	84.00	86.30	88.20	78.90	
农村公路服务	81.80	83.10	82.50	83.10	85.10	74.70	
高速公路服务	88.30	85.00	79.70	87.00	87.00	79.90	

16)菏泽

菏泽市公路交通服务社会满意度 6 个调查领域的总体满意度为 84.09 分(表 3-35)。从表 3-35 中可以看出,在 6 个领域中,用户期望满意度最高的为高速公路服务领域,最低的为农村公路服务领域;感知质量满意度最高的为高速公路服务领域,最低的为公路交通建设领域;感知价值满意度最高的为农村公路服务领域,最低的为高速公路服务领域;用户满意满意度最高的为高速公路服务领域,最低的为公路交通管理领域;行业形象满意度最高的为公路交通养护领域,最低的为公路交通管理领域;用户信任满意度最高的为高速公路服务领域,最低的为公路交通管理领域。

菏泽市公路交通服务社会满意度(单位:分) 表 3-35

调查领域	用户期望	感知质量	感知价值	用户满意	行业形象	用户信任	总体满意度
公路交通规划	88.60	82.30	84.60	82.90	85.70	85.70	84.09
公路交通建设	85.70	72.70	85.50	83.10	84.40	85.70	
公路交通管理	85.70	80.70	84.60	81.80	81.80	80.50	
公路交通养护	85.70	76.60	82.50	83.10	88.30	85.70	
农村公路服务	73.50	81.10	86.50	83.70	85.70	84.70	
高速公路服务	96.40	91.30	80.90	85.70	85.70	88.10	

17)莱芜

莱芜市公路交通服务社会满意度 6 个调查领域的总体满意度为 81.27 分(表 3-36)。从表 3-36 中可以看出,在 6 个领域中,用户期望满意度最高的为公路交通养护领域,最低的为公路交通建设领域;感知质量满意度最高的为高速公路服务领域,最低的为公路交通建设领域;感知价值满意度最高的为公路交通规划领域,最低的为农村公路服务领域;用户满意满意度最高的为高速公路服务领域,最低的为公路交通管理领域;行业形象满意度最高的为高速公路服务领域,最低的为农村公路服务领域;用户信任满意度最高的为公路交通规划领域,最低的为农村公路服务领域。

莱芜市公路交通服务社会满意度(单位:分)　　表3-36

调查领域	用户期望	感知质量	感知价值	用户满意	行业形象	用户信任	总体满意度
公路交通规划	87.10	78.60	88.30	88.60	88.60	85.70	81.27
公路交通建设	80.00	70.20	85.50	78.60	80.00	77.10	
公路交通管理	84.30	74.00	82.30	75.70	85.70	78.60	
公路交通养护	90.00	82.90	82.50	81.40	81.40	75.70	
农村公路服务	83.30	76.80	64.50	78.60	78.60	65.50	
高速公路服务	86.80	86.40	79.90	90.10	91.20	81.30	

3.3.2　各市满意度汇总

山东省公路交通服务社会满意度调查各市满意度汇总见表3-37、如图3-21所示。

各市公路交通服务社会总体满意度　　表3-37

城　市	总体满意度(分)	城　市	总体满意度(分)
济南	74.77	威海	79.61
青岛	72.83	日照	88.89
淄博	78.83	滨州	78.03
枣庄	81.22	德州	77.69
东营	87.09	聊城	79.98
烟台	82.48	临沂	84.80
潍坊	78.79	菏泽	84.09
济宁	80.46	莱芜	81.27
泰安	71.04		

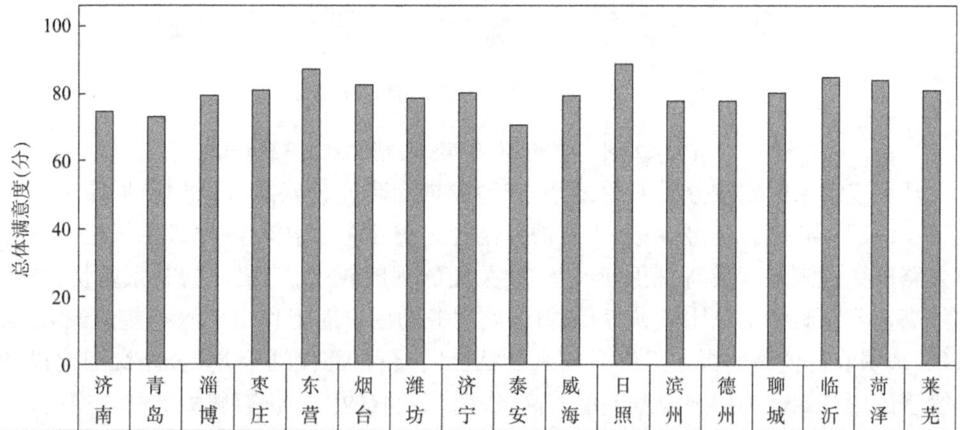

	济南	青岛	淄博	枣庄	东营	烟台	潍坊	济宁	泰安	威海	日照	滨州	德州	聊城	临沂	菏泽	莱芜
总体满意度	74.77	72.83	78.83	81.22	87.09	82.48	78.79	80.46	71.04	79.61	88.89	78.03	77.69	79.98	84.80	84.09	81.27

图3-21　各市公路交通服务社会总体满意度汇总

3.4 交通服务质量调查结果与分析

3.4.1 满意度比较分析

1)用户期望和用户满意比较

对公路交通规划、建设、管理、养护、农村公路服务和高速公路服务 6 个领域中的用户期望和用户满意度调查结果进行比较,见表 3-38、如图 3-22 所示。

公路交通服务各领域用户期望和用户满意比较(单位:分)　　表 3-38

满意度	公路交通规划	公路交通建设	公路交通管理	公路交通养护	农村公路服务	高速公路服务
用户期望	84.90	82.70	81.00	80.50	80.60	84.10
用户满意	83.10	80.60	78.90	79.30	76.10	82.90

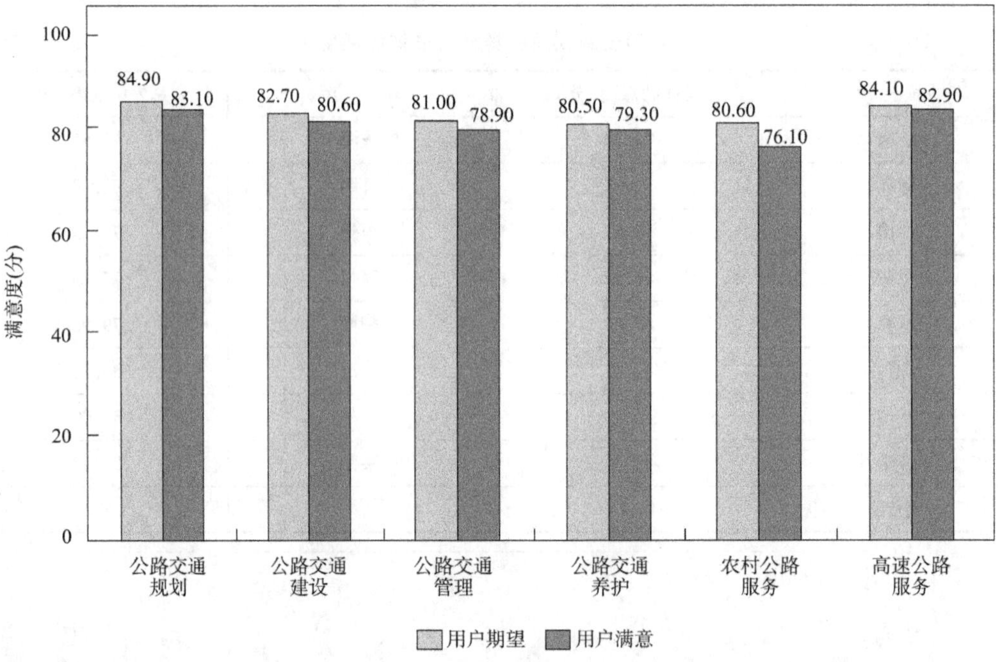

图 3-22　公路交通服务各领域用户期望和用户满意比较

从调查结果的比较分析来看,公路交通养护和高速公路服务的用户期望和用户满意差值较小,表明当前山东省公路交通养护和高速公路服务工作较好地满足了用户的需求。高速公路服务的满意度最高,表明该领域被关注的程度较高,与用户的关系密切,且用户对当前的高速公路服务工作比较满意;农村公路服务的用户期望和用户满意差值最大,且满意度最低,表明农村公路的服务工作尚未满足社会需要;公路交通规划、公路交通建设和公路交通管理的用户期望和用户满意差值较高,表明该领域的工作仍有较大的提升空间。

2)行业形象

对公路交通规划、建设、管理、养护、农村公路服务和高速公路服务 6 个领域的行业形象调查结果进行比较,如图 3-23 所示。

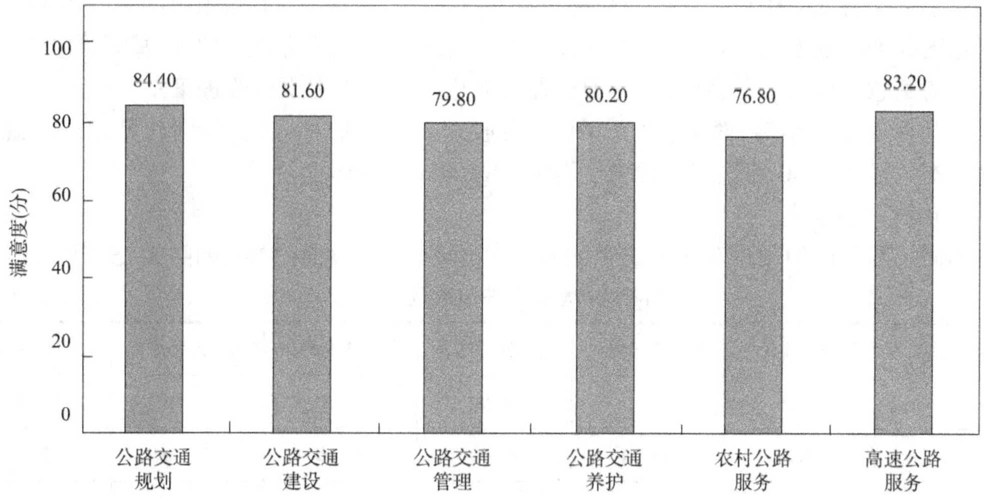

图 3-23　公路交通服务各领域行业形象比较

从图 3-23 中可以看出,公路交通规划和高速公路服务的行业形象满意度相对较高,而农村公路服务的行业形象满意度最低,公路交通建设、公路交通管理和公路交通养护的行业形象满意度相差不大,这与前面所述各领域用户满意调查结果的比较情况是一致的。

3)用户信任

对公路交通规划、建设、管理、养护、农村公路服务和高速公路服务 6 个领域的用户信任调查结果进行比较,如图 3-24 所示。

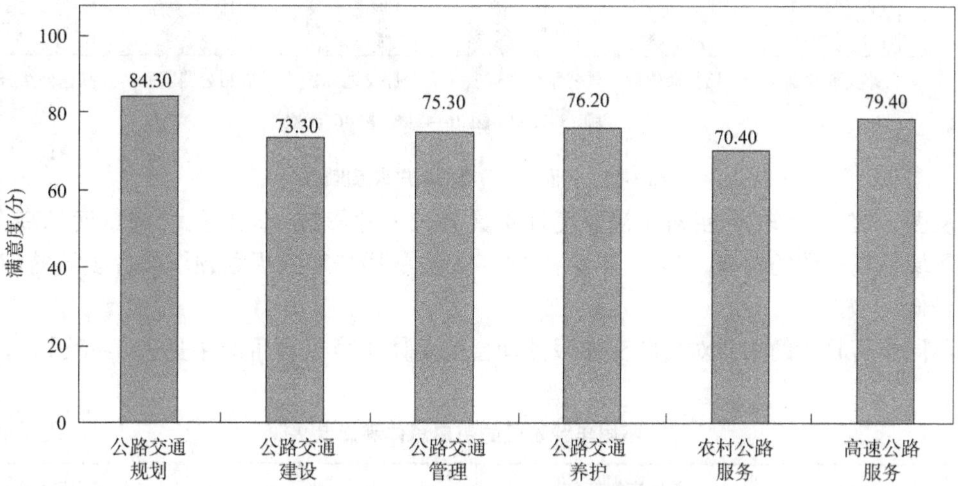

图 3-24　公路交通服务各领域用户信任比较

从图 3-24 中可以看出,公路交通规划的用户信任度最高,而农村公路服务、公路交通建设和公路交通管理的用户信任度相对较低,公路交通养护和高速公路服务的用户信任度相差不大。

3.4.2 调查对象统计特征对满意度的影响分析

由于不同特征的用户对于公路交通服务具有多样化的需求,不同用户的偏好不同,对公路交通服务的感受不同,可能直接或间接地影响用户对服务的满意程度。基于调查对象统计特征的满意度分析,可帮助公路交通行业针对用户特点制定服务改进策略。

将调查对象按年龄、性别、学历、职业、月收入及驾驶信息分组,分别计算用户满意度。认为样本数量小于30的组别其代表性不强,不参与计算分析。

1)年龄及满意度

不同年龄阶段的用户对各调查领域的满意度评价结果见表3-39、如图3-25所示。

不同年龄阶段的用户满意度(单位:分)　　表3-39

年　龄	公路交通规划	公路交通建设	公路交通管理	公路交通养护	农村公路服务	高速公路服务
18~25岁	84.90	78.70	76.90	78.10	74.50	79.40
26~45岁	83.20	80.00	78.90	79.00	74.70	82.20
46~60岁	83.30	78.80	78.70	79.00	79.90	80.50

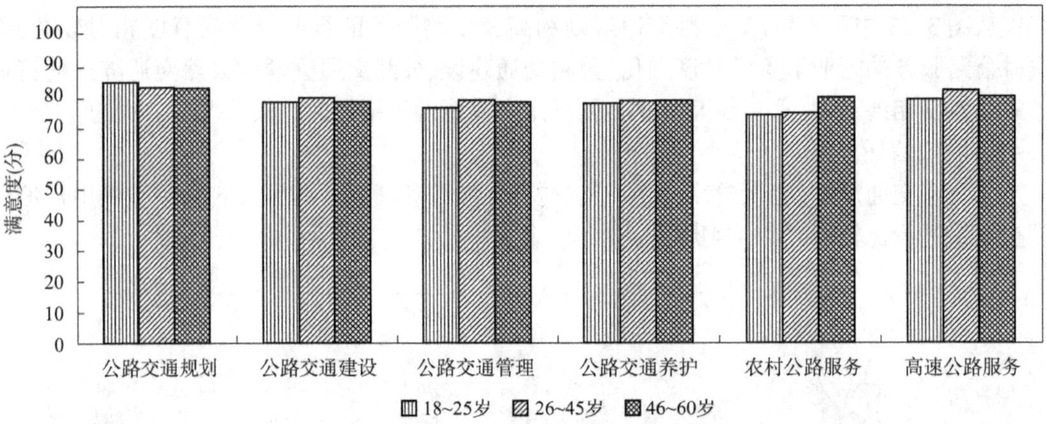

图3-25　不同年龄阶段的用户满意度比较

从图3-25中可知,年龄对于满意度评价具有较大地影响,年龄越大,满意度越高,各个调查领域呈现一致的特征。其中,年龄在18~25岁的用户对除规划领域外各领域的满意度评价较低。

不同年龄阶段的用户对公路交通服务社会的总体满意度评价结果见表3-40、如图3-26所示。

不同年龄阶段的用户总体满意度　　表3-40

年　龄	总体满意度(分)	年　龄	总体满意度(分)
18岁以下	76.20	46~60岁	80.03
18~25岁	78.75	60岁以上	77.70
26~45岁	79.67		

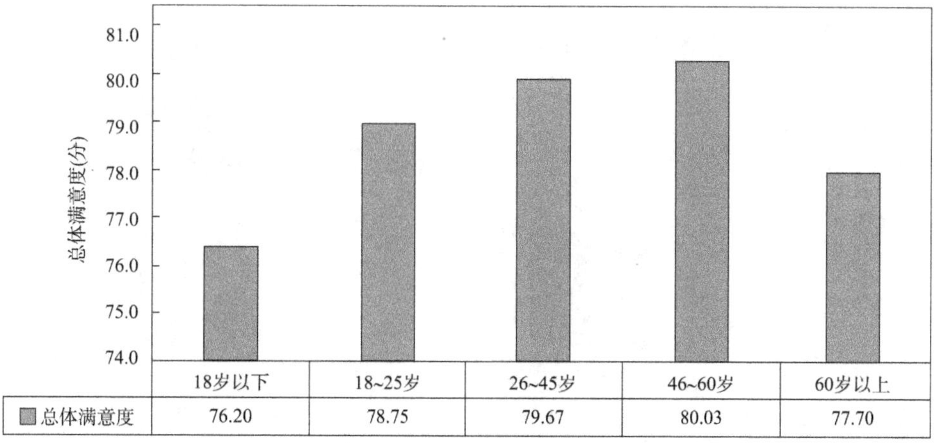

图 3-26　不同年龄阶段的用户总体满意度比较

从以上图表中可以看出，总体趋势是年龄越大，总体满意度越高。其中，年龄在 46 ~ 60 岁的用户总体社会满意度最高，年龄在 18 岁以下的用户总体社会满意度较低。

2）性别及满意度

不同性别的用户对各调查领域的满意度评价结果见表 3-41、如图 3-27 所示。

不同性别的用户满意度（单位：分）　　表 3-41

性　别	公路交通规划	公路交通建设	公路交通管理	公路交通养护	农村公路服务	高速公路服务
男性	83.70	80.10	78.60	78.90	75.40	81.30
女性	82.30	77.80	78.40	78.50	76.50	83.50

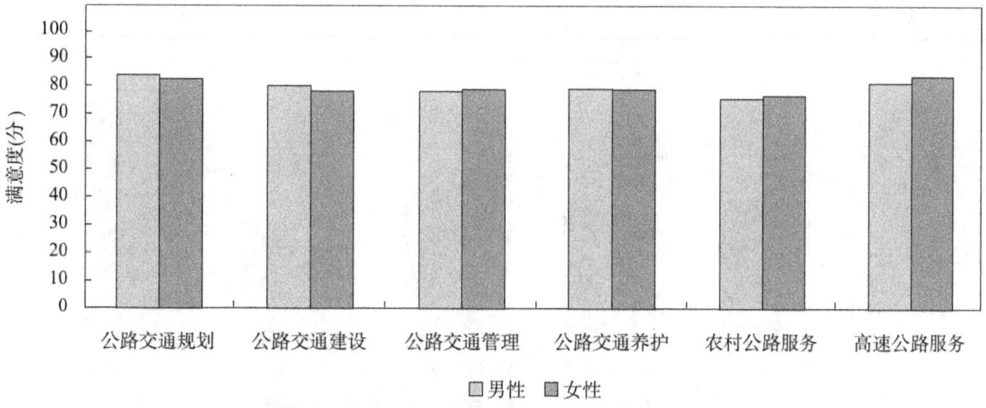

图 3-27　不同性别的用户满意度比较

从图 3-27 可知，对于农村公路服务和高速公路服务领域，女性的满意度略高于男性；而对于公路交通规划，建设、管理、养护，男性的满意度均高于女性。

不同性别的用户对公路交通服务社会的总体满意度评价结果见表 3-42、如图 3-28 所示。

不同性别的用户总体满意度　　表 3-42

性　别	总体满意度(分)	性　别	总体满意度(分)
男性	76.20	女性	78.75

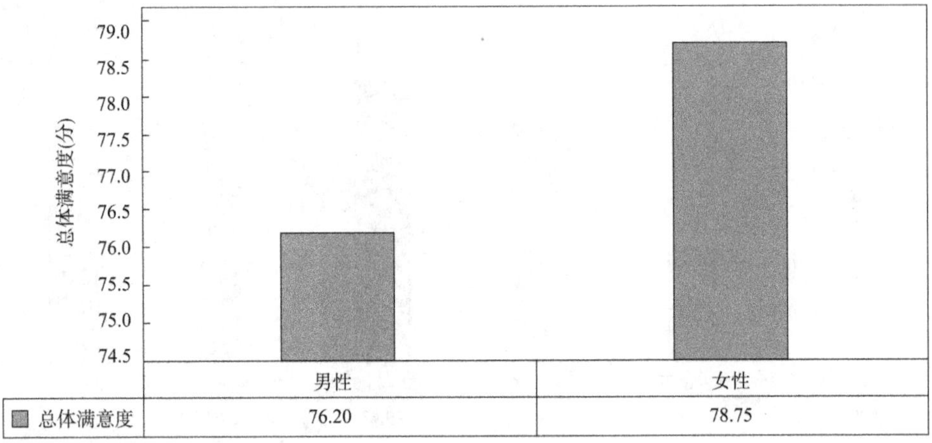

图 3-28　不同性别的用户总体满意度比较

从以上图表中可以看出，女性的总体社会满意度要高于男性。

3）学历及满意度

不同学历的用户对各调查领域的满意度评价结果见表 3-43、如图 3-29 所示。

不同学历的用户满意度(单位：分)　　表 3-43

学　　历	公路交通规划	公路交通建设	公路交通管理	公路交通养护	农村公路服务	高速公路服务
初中及以下	—	81.90	81.50	80.70	75.30	83.00
高中和中专	82.10	80.70	79.10	78.90	75.40	78.20
大专和本科	84.50	78.00	77.50	78.40	76.80	83.20
研究生及以上	80.10	—	—	—	—	—

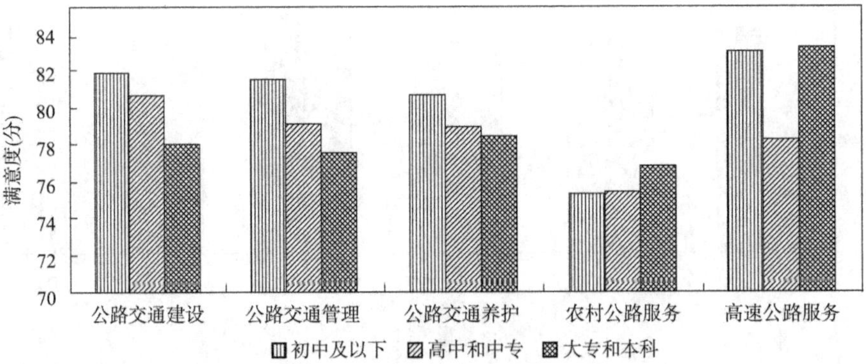

图 3-29　不同学历的用户满意度比较

公路交通规划领域的调查对象学历构成较其他 4 个领域不同，对除公路交通规划领域外的 5 个领域进行比较分析。

从图 3-29 可以看出，学历对满意度评价具有显著的影响。公路交通建设、管理和养护领域，学历越高的用户对满意度的评价越低。随着学历的提高，用户对各领域服务的要求比较高，若服务不能完全满足其要求，则满意度相应降低。

不同学历的用户对公路交通服务社会的总体满意度评价结果见表 3-44、如图 3-30 所示。

不同学历的用户总体满意度　　　表3-44

学　　历	总体满意度(分)	学　　历	总体满意度(分)
初中及以下	79.70	大专和本科	79.73
高中和中专	79.07	研究生及以上	80.50

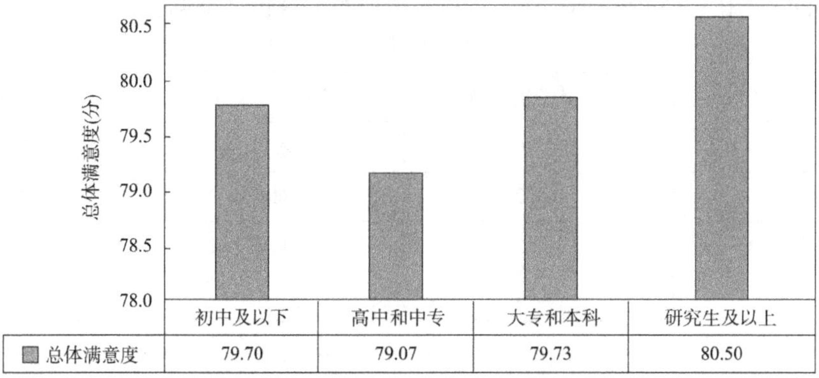

图3-30　不同学历的用户总体满意度比较

从以上图表中可以看出,研究生学历的调查用户总体社会满意度较高,其他学历的用户总体满意度相差不大。

4)职业及满意度

不同职业的用户对各调查领域的满意度评价结果见表3-45、如图3-31所示。

不同职业的用户满意度(单位:分)　　　表3-45

职　　业	公路交通规划	公路交通建设	公路交通管理	公路交通养护	农村公路服务	高速公路服务
学生	—	—	—	—	—	—
教师	—	—	—	—	—	—
公务员	85.60	—	—	—	—	81.70
工人	81.50	76.90	74.80	74.80	78.40	79.70
农民	—	82.30	81.40	82.90	77.40	—
公司员工	84.80	80.20	79.70	80.00	74.80	82.00
其他	79.20	78.70	78.80	77.50	71.90	82.80

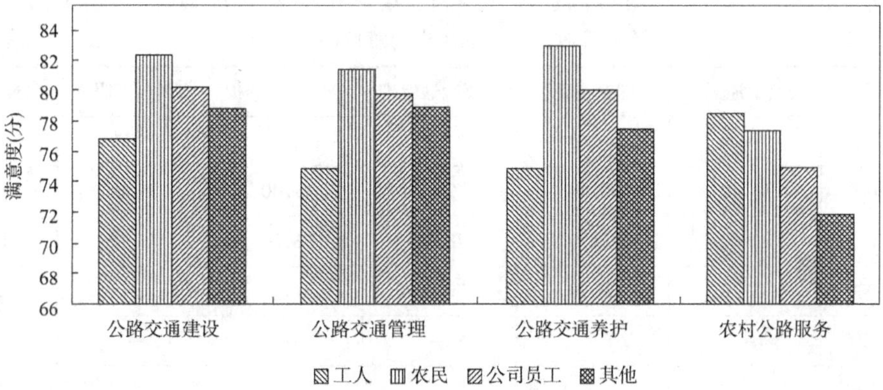

图3-31　不同职业的用户满意度比较

公路交通规划与高速公路服务领域的调查对象职业构成较其他 4 个领域不同,对于除公路交通规划与高速公路服务领域外的 4 个领域进行比较分析。

从图 3-31 可以看出,职业对满意度的影响在各调查领域内呈现一致的特点。在公路交通建设、管理、养护领域,农民的满意度评价最高,而工人则相对较低。

不同职业的用户对公路交通服务社会的总体满意度评价结果见表 3-46、如图 3-32 所示。

不同职业的用户总体满意度 表 3-46

职　业	总体满意度(分)	职　业	总体满意度(分)
学生	72.20	农民	80.40
教师	76.60	公司员工	80.25
公务员	81.10	其他	78.15
工人	77.68		

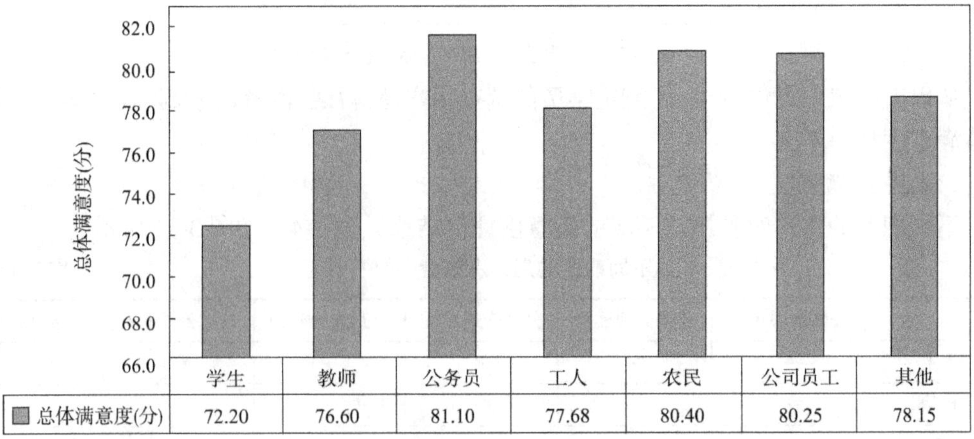

图 3-32　不同职业的用户总体满意度比较

从以上图表中可以看出,调查对象为公务员的总体社会满意度较高,其次是农民与公司员工,学生和教师的总体社会满意度较低。

5)月收入水平及满意度

不同月收入水平的用户对各调查领域的满意度评价结果见表 3-47、如图 3-33 所示。

不同月收入水平的用户满意度(单位:分) 表 3-47

月收入(元)	公路交通规划	公路交通建设	公路交通管理	公路交通养护	农村公路服务	高速公路服务
1000 以下	—	76.10	77.70	78.60	75.10	83.30
1000 ~ 2000	83.50	79.10	79.50	79.40	75.10	80.40
2000 ~ 3000	83.40	80.80	78.30	78.80	78.10	82.50
3000 ~ 5000	84.20	80.20	76.00	76.40	—	81.60
5000 ~ 10000	—	—	—	—	—	—
10000 以上	—	—	—	—	—	—

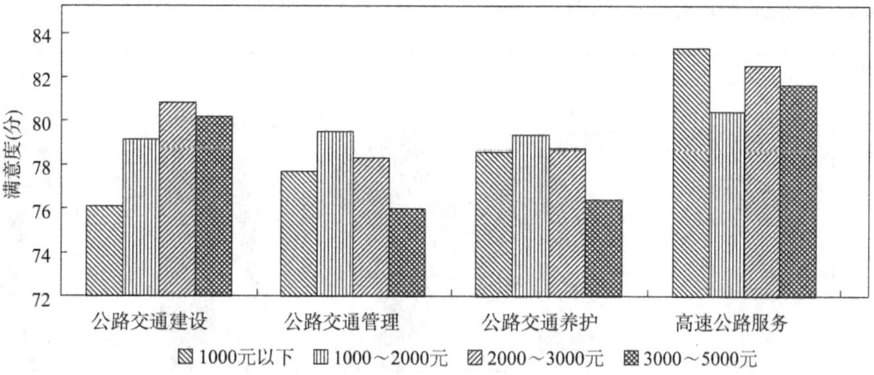

图 3-33　不同收入的用户满意度比较

公路交通规划与农村公路服务领域的调查对象月收入水平构成较其他 4 个领域不同，对于除上述 2 个领域以外的 4 个领域进行比较分析。

从图 3-33 可以看出，收入水平对满意度的影响在各调查领域内呈现不同的特点。在公路交通管理和养护领域，收入水平越高，满意度评价越低。

不同收入的用户对公路交通服务社会的总体满意度评价结果见表 3-48、如图 3-34所示。

不同收入的用户总体满意度　　表 3-48

月收入(元)	总体满意度(分)	月收入(元)	总体满意度(分)
1000 以下	77.70	3000 ~ 5000	81.36
1000 ~ 2000	79.50	5000 ~ 10000	82.60
2000 ~ 3000	80.32	10000 以上	89.50

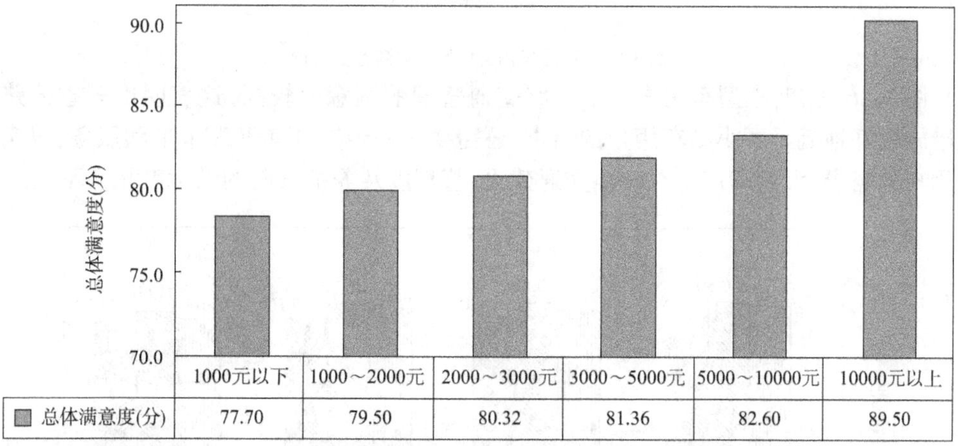

图 3-34　不同收入的用户总体满意度比较

6）驾驶信息及满意度

不同驾驶信息的用户对各调查领域的满意度评价结果如图 3-35 ~ 图 3-38 所示。

从图 3-35 可知，公路交通建设、管理、农村公路服务和高速公路服务领域，有驾驶证的用户对于满意度的评价高于无驾驶证的用户，这与有驾驶证的用户接受公路交通服务较多、对公路交通服务的情况更为熟悉有关。

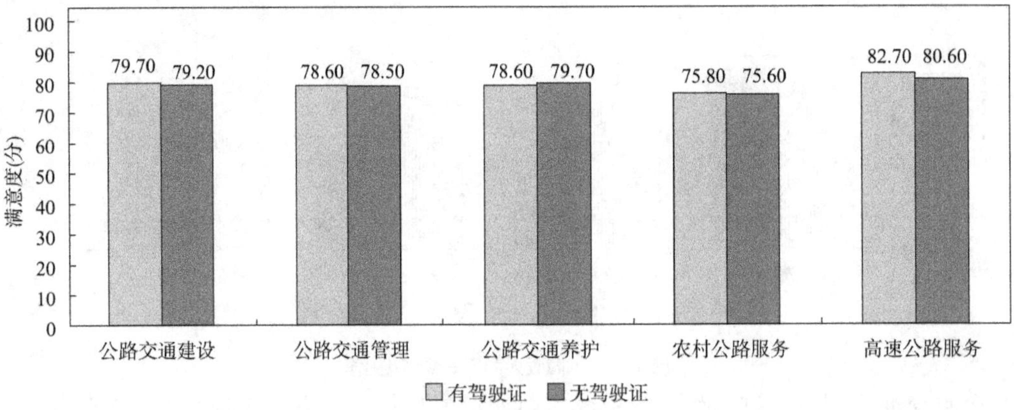

图 3-35　有无驾驶证的用户满意度比较

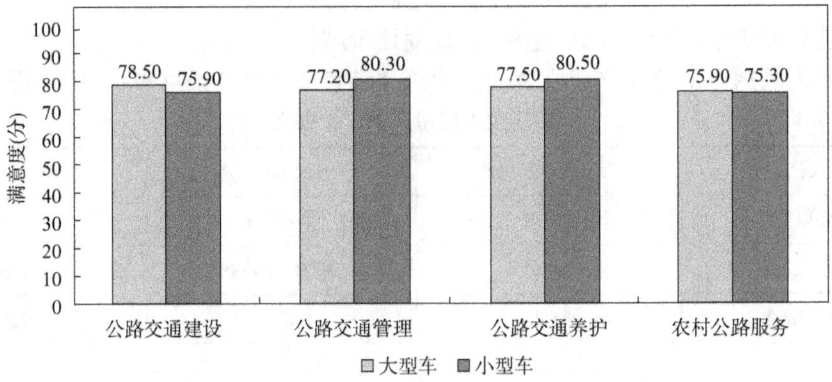

图 3-36　不同车辆类型的用户满意度比较

从图 3-36 可知，小型车用户对于公路交通管理的满意度较高，这表明山东省公路交通管理措施很好地满足了小型车用户的需求，还需要进一步提升其管理水平和服务，以满足大型车用户的需求，大型车用户在公路交通建设、管理以及养护方面的满意度相差不大。

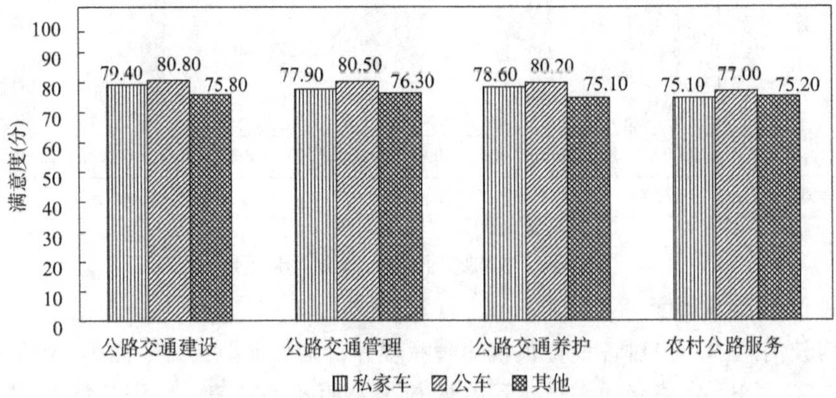

图 3-37　不同车辆归属的用户满意度比较

从图 3-37 中可以看出，私家车用户和公车用户的满意度评价结果相差不大。

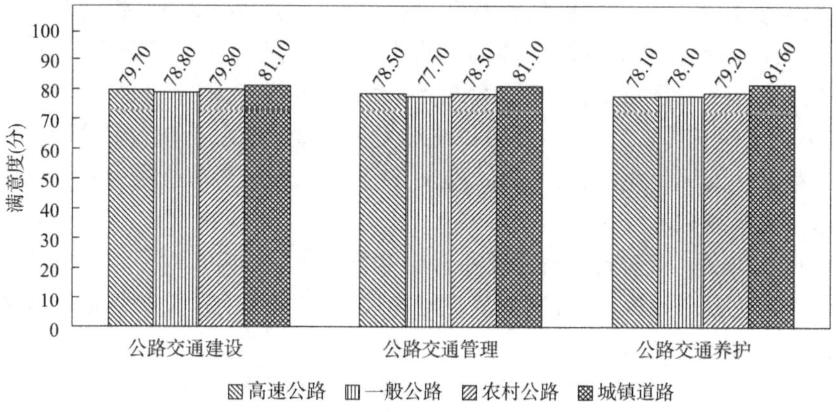

图 3-38　经常行驶的道路不同的用户满意度比较

从图 3-38 可知，在公路交通建设、管理和养护领域的满意度评价中，经常行驶于城镇道路的用户对于满意度的评价最高，其次是经常行驶于农村公路的用户，而一般公路与高速公路相对较低，这表明未来公路交通服务工作侧重点应偏向于高速公路、一般公路和农村公路。

有、无驾驶证的用户对公路交通服务社会的总体满意度评价结果如图 3-39 所示。

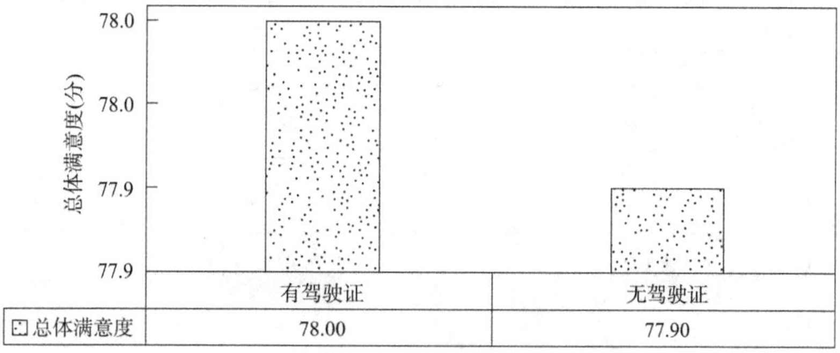

图 3-39　有无驾驶证的用户总体满意度比较

从图中可以看出，有无驾驶证的用户总体社会满意度差别不大，有驾驶证的用户总体满意度稍高一点。

3.4.3　四分图分析

将公路交通服务社会满意度“感知质量”的调查结果绘制成四分图，横轴表示测量变量满意度得分高低情况，纵轴表示测量变量重要性的得分高低情况。按照各测量指标的重要性和满意度得分高低，将测量变量区分为 4 种类型（高重要性、高满意度；高重要性、低满意度；低重要性、低满意度；低重要性、高满意度），并归入优势区（A 区）、修补区（B 区）、机会区（C 区）、维持区（D 区）四个象限，针对不同类型的指标采取相应的改进策略。

A 区（优势区）——高重要性、高满意度：指标分布在这些区域时，表示这些因素是重要的关键性因素，且满意度评价较高，这些优势因素需要继续保持并发扬。

B 区（修补区）——高重要性、低满意度：指标分布在这些区域时，表示这些区域是重要的，但当前的表现较差，满意度评价较低，需要重点修补、改进。

C区（机会区）——低重要性、低满意度：指标分布在这些区域时，代表着这一部分因素不是最重要的，而满意度评价较低，但影响不是很大，因此不是现在最急需解决的问题。

D区（维持区）——低重要性、高满意度：满意度评价较高，但不是最重要的因素，属于次要优势（又称锦上添花因素）。一方面可以继续发挥这些因素的优势，另一方面，如果从资源的有效分配考虑，可以适当收缩这方面的投入，转而投入到亟待改进的因素中。

1）公路交通规划领域

公路交通规划领域感知质量满意度和重要度分值见表3-49，对公路交通规划调查结果的感知质量进行四分图分析，将所有测量变量重要度和满意度得分的均值作为划分高低的标准，如图3-40所示。

公路交通规划领域感知质量满意度和重要度分值 表3-49

测量变量	编号	满意度(分)	重要度
土地利用合理性	A	77.00	0.17
公路网布局合理性	B	80.70	0.15
技术等级构成合理性	C	79.10	0.18
建设顺序合理性	D	80.90	0.15
交通枢纽规划合理性	E	82.60	0.15
环境、生态保护重视程度	F	79.00	0.21

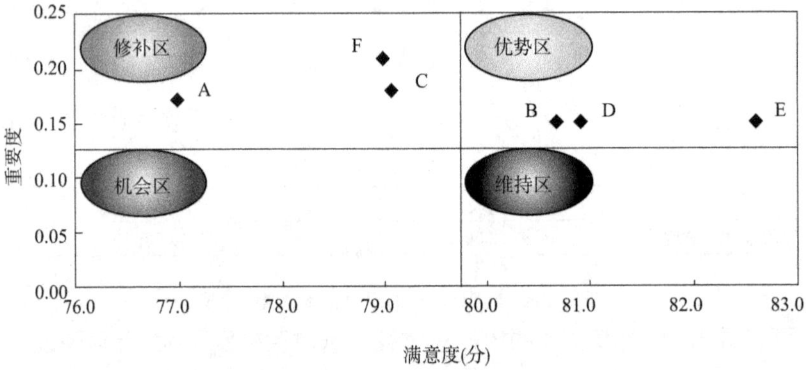

图3-40 公路交通规划感知质量四分图分析

在公路交通规划领域感知质量的6个测量变量中，公路网布局合理性、建设顺序合理性和交通枢纽规划位于公路交通规划的优势区，说明这些公众对这些指标的认可度较高，需要继续保持并发扬；土地利用合理性、技术等级构成合理性和环境、生态保护位于公路交通规划工作的修补区，需要重点提高和改进，说明这些领域还存在不足，今后需要做好土地利用、公路技术等级的规划，提高其合理性，加强对环境、生态的保护的重视程度。

2）公路交通建设领域

公路交通建设领域感知质量满意度和重要度分值见表3-50，对公路交通建设调查结果的感知质量进行四分图分析，将所有测量变量重要度和满意度得分的均值作为划分高低的标准，如图3-41所示。

公路交通建设领域感知质量满意度和重要度分值　　表3-50

测量变量	编　　号	满意度(分)	重　要　度
公路建设质量的评价	A	76.20	0.27
公路建设速度的评价	B	78.40	0.25
公路建设监管工作的评价	C	76.30	0.25
对环境、生态保护情况的评价	D	77.60	0.22

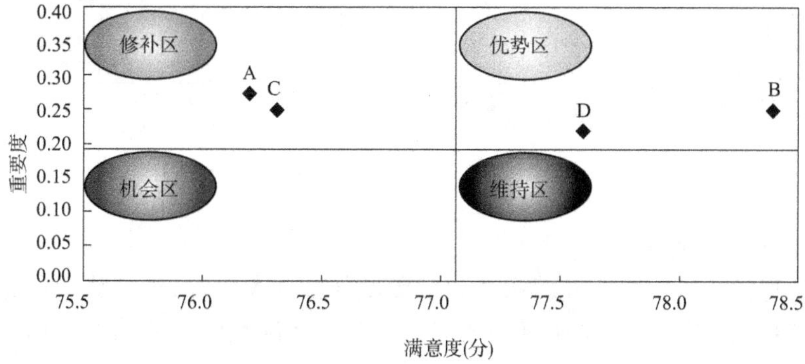

图3-41　公路交通建设感知质量四分图分析

在公路交通建设领域4个测量变量中,公路建设速度与对环境、生态保护的评价位于优势区;公路建设质量与公路建设监管工作处于修补区,其满意度与其他测变量存在较大差距,所以公路交通建设质量与建设质量监管是今后需要重点提高、改进的方面。

3)公路交通管理领域

公路交通管理领域感知质量满意度和重要度分值见表3-51,对公路交通管理调查结果的感知质量进行四分图分析,将所有测量变量重要度和满意度得分的均值作为划分高低的标准,如图3-42所示。

公路交通管理领域感知质量满意度和重要度分值　　表3-51

测量变量	编　　号	满意度(分)	重　要　度
公路配套设施配置情况的评价	A	78.10	0.12
公路交通秩序的评价	B	74.50	0.17
公路交通信息服务工作的评价	C	76.00	0.14
公路交通紧急救助工作的评价	D	77.00	0.14
突发事件的应急能力的评价	E	77.40	0.14
交通安全情况的评价	F	76.10	0.15
系统方便、快捷实现情况的评价	G	78.60	0.13

在公路交通管理领域的7个测量变量中,公路配套设施配置、公路交通紧急救助工作、突发事件应急能力和公路系统的方便快捷位于优势区,说明这些方面的工作已经得到公众的广泛认可,需要继续保持和深入;公路交通秩序的评价、公路交通信息服务工作的评价和

交通安全情况的评价处于修补区,说明这些工作领域是公众满意度较低,今后需要重点解决和完善。

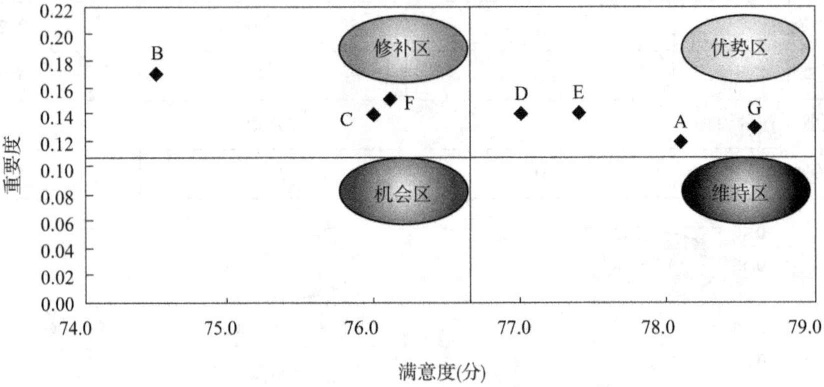

图 3-42　公路交通管理感知质量四分图分析

4)公路交通养护领域

公路交通养护领域感知质量满意度和重要度分值见表 3-52,对公路交通养护调查结果的感知质量进行四分图分析,将所有测量变量重要度和满意度得分的均值作为划分高低的标准,如图 3-43 所示。

公路交通养护领域感知质量满意度和重要度分值　　表 3-52

测 量 变 量	编　　号	满意度(分)	重　要　度
公路养护及时性的评价	A	76.80	0.19
公路路面质量的评价	B	76.90	0.21
公路桥梁状况的评价	C	77.80	0.20
公路养护施工交通影响评价	D	76.40	0.22
公路美化、绿化情况的评价	E	80.00	0.18

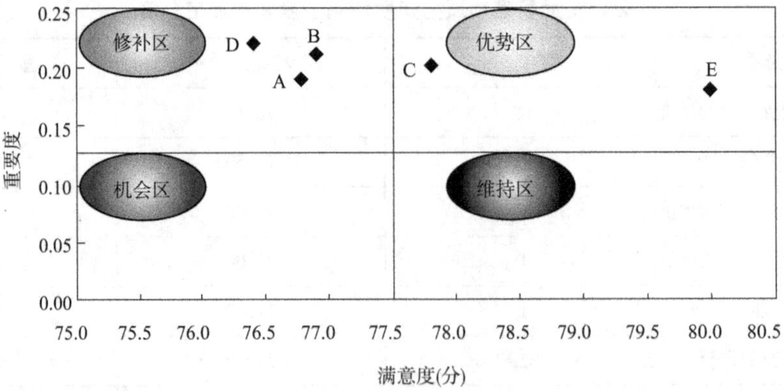

图 3-43　公路交通养护感知质量四分图分析

在公路交通养护领域的 5 个测量变量中,公路桥梁的日常养护状况良好,公路美化、绿化情况较好,这两方面工作满意度位于公路养护工作的优势区;公路养护及时性、公路路面质量与公路养护施工造成的交通影响评价位于修补区,需要及时加强公路路面的养护,提高路面养护质量，改进养护施工组织方式，进一步降低公路养护施工对交通运行的影响。

5）农村公路领域

农村公路领域感知质量满意度和重要度分值见表 3-53，对农村公路调查结果的感知质量进行四分图分析，将所有测量变量重要度和满意度得分的均值作为划分高低的标准，如图 3-44所示。

农村公路领域感知质量满意度和重要度分值　　表 3-53

测量变量	编号	满意度(分)	重要度
农村公路建设质量的评价	A	73.10	0.37
农村公路管理工作的评价	B	75.40	0.31
农村公路养护工作的评价	C	74.20	0.32

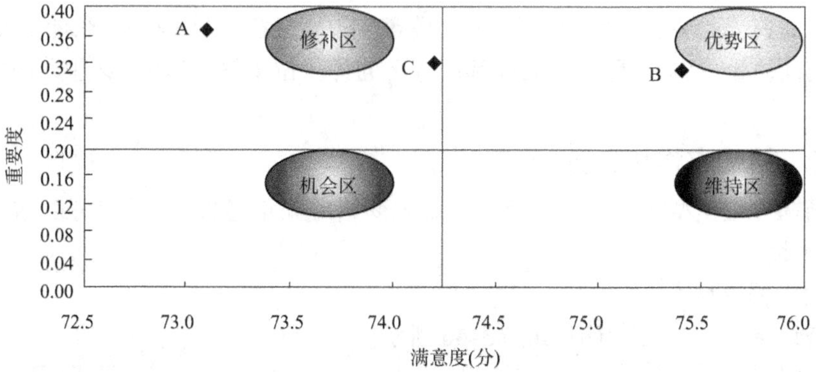

图 3-44　农村公路感知质量四分图分析

在农村公路服务领域的 3 个测量变量中，农村公路管理工作位于优势区，说明公众对农村公路管理工作比较满意，需要继续保持和发扬；农村公路建设质量与养护工作位于修补区，在以后的农村公路工作中应侧重于建设质量，条件适当的地方应提高农村公路的技术等级。此外，要采用养护新技术，提高农村公路工作的质量。

6）高速公路领域

高速公路领域感知质量满意度和重要度分值见表 3-54，对高速公路调查结果的感知质量进行四分图分析，将所有测量变量重要度和满意度得分的均值作为划分高低的标准，如图 3-45 所示。

高速公路领域感知质量满意度和重要度分值　　表 3-54

测量变量	编号	满意度(分)	重要度
高速公路沿线绿化美化的评价	A	82.90	0.14
高速公路路面质量的评价	B	80.00	0.18
高速公路两侧防护设施的评价	C	81.70	0.14
高速公路的收费时间的评价	D	79.70	0.20
高速公路应急事件的处理评价	E	81.30	0.15
高速公路服务区的评价	F	79.10	0.18

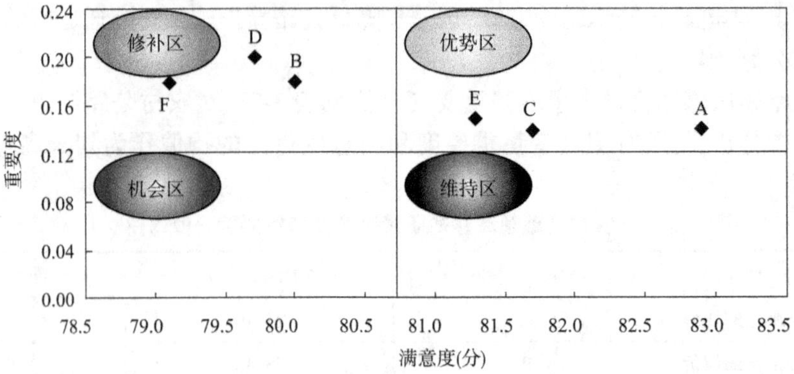

图 3-45　高速公路感知质量四分图分析

在高速公路服务领域的 6 个测量变量中,高速公路沿线绿化美化的评价、两侧防护设施的评价以及高速公路应急事件的处理,公众满意度较高,位于优势区,需要继续保持和发扬;高速公路路面质量、高速公路收费时间和服务区的评价位于修补区域,这些方面需要继续加强与提高。

3.4.4　结构方程模型分析

采用结构方程模型来解决潜在变量和观测变量之间信息传递问题,可以增强研究的科学性和有效性。

1)结构方程模型[27]

将调查结果引入 HCSI 模型,如图 3-46 所示。

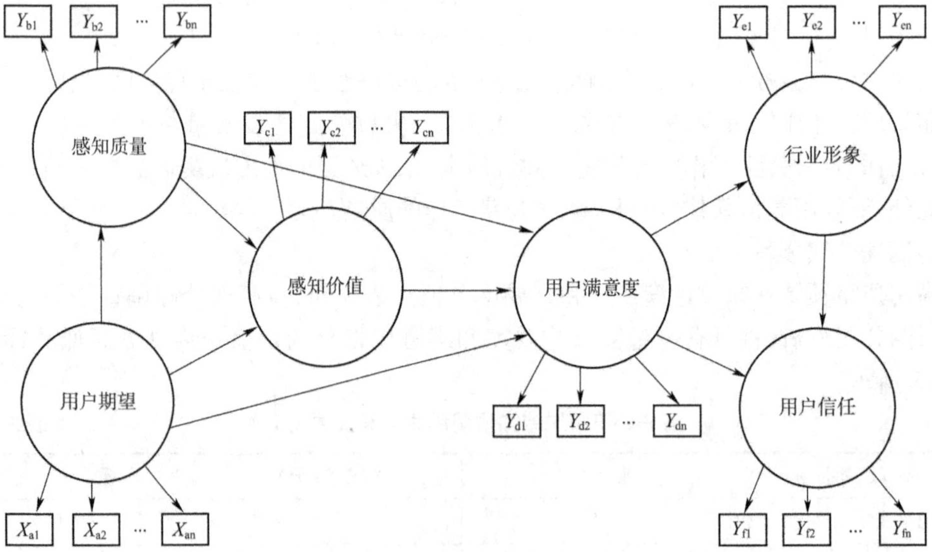

图 3-46　公路交通服务社会满意度模型(HCSI)

通过图 3-46 中的模型可以建立如下的公共交通服务社会满意度结构方程的理论模型:

$$x = \Lambda_x \xi_{用户期望} + \delta \tag{3-1}$$

$$y = \Lambda_y \eta + \varepsilon \tag{3-2}$$

$$\eta = B_\eta + \Gamma\xi + \zeta \tag{3-3}$$

式中，$x=\begin{bmatrix}x_{a1}\\x_{a2}\\\vdots\\x_{an}\end{bmatrix}$，$\Lambda_x=\begin{bmatrix}\lambda_{x用户期望,a1}\\\lambda_{x用户期望,a2}\\\vdots\\\lambda_{x用户期望,an}\end{bmatrix}$，$\delta=\begin{bmatrix}\delta_{a1}\\\delta_{a2}\\\vdots\\\delta_{an}\end{bmatrix}$；$y=\begin{bmatrix}y_{感知质量}\\y_{感知价值}\\y_{用户满意度}\\y_{行业形象}\\y_{用户信任}\end{bmatrix}$，$y_{感知质量}=\begin{bmatrix}y_{b1}\\y_{b2}\\\vdots\\y_{bn}\end{bmatrix}$，

$y_{感知价值}=\begin{bmatrix}y_{c1}\\y_{c2}\\\vdots\\y_{cn}\end{bmatrix}$，$y_{用户满意度}=\begin{bmatrix}y_{d1}\\y_{d2}\\\vdots\\y_{dn}\end{bmatrix}$，$y_{行业形象}=\begin{bmatrix}y_{e1}\\y_{e2}\\\vdots\\y_{en}\end{bmatrix}$，$y_{用户信任}=\begin{bmatrix}y_{f1}\\y_{f2}\\\vdots\\y_{fn}\end{bmatrix}$；$\Lambda_y=\begin{bmatrix}\Lambda_{感知质量}\\\Lambda_{感知价值}\\\Lambda_{用户满意度}\\\Lambda_{行业形象}\\\Lambda_{用户信任}\end{bmatrix}$，

$\Lambda_{感知质量}=\begin{bmatrix}\lambda_{y感知质量,b1}\\\lambda_{y感知质量,b2}\\\vdots\\\lambda_{y感知质量,bn}\end{bmatrix}$，$\Lambda_{感知价值}=\begin{bmatrix}\lambda_{y感知价值,c1}\\\lambda_{y感知价值,c2}\\\vdots\\\lambda_{y感知价值,cn}\end{bmatrix}$，$\Lambda_{用户满意度}=\begin{bmatrix}\lambda_{y用户满意度,d1}\\\lambda_{y用户满意度,d2}\\\vdots\\\lambda_{y用户满意度,dn}\end{bmatrix}$，

$\Lambda_{行业形象}=\begin{bmatrix}\lambda_{y行业形象,e1}\\\lambda_{y行业形象,e2}\\\vdots\\\lambda_{y行业形象,en}\end{bmatrix}$，$\Lambda_{用户信任}=\begin{bmatrix}\lambda_{y用户信任,f1}\\\lambda_{y用户信任,f2}\\\vdots\\\lambda_{y用户信任,fn}\end{bmatrix}$；$\varepsilon=\begin{bmatrix}\varepsilon_{感知质量}\\\varepsilon_{感知价值}\\\varepsilon_{用户满意度}\\\varepsilon_{行业形象}\\\varepsilon_{用户信任}\end{bmatrix}$，$\varepsilon_{感知质量}=\begin{bmatrix}\varepsilon_{b1}\\\varepsilon_{b2}\\\vdots\\\varepsilon_{bn}\end{bmatrix}$，$\varepsilon_{感知价值}=\begin{bmatrix}\varepsilon_{c1}\\\varepsilon_{c2}\\\vdots\\\varepsilon_{cn}\end{bmatrix}$，

$\varepsilon_{用户满意度}=\begin{bmatrix}\varepsilon_{e1}\\\varepsilon_{e2}\\\vdots\\\varepsilon_{en}\end{bmatrix}$，$\varepsilon_{行业形象}=\begin{bmatrix}\varepsilon_{f1}\\\varepsilon_{f2}\\\vdots\\\varepsilon_{fn}\end{bmatrix}$；$\eta=\begin{bmatrix}\eta_{感知质量}\\\eta_{感知价值}\\\eta_{用户满意度}\\\eta_{行业形象}\\\eta_{用户信任}\end{bmatrix}$；$\Gamma=\begin{bmatrix}\gamma_{用户期望,感知质量}\\\gamma_{用户期望,感知价值}\\\gamma_{用户期望,用户满意度}\\0\\0\end{bmatrix}$；$\zeta=\begin{bmatrix}\zeta_{感知质量}\\\zeta_{感知价值}\\\zeta_{用户满意度}\\\zeta_{行业形象}\\\zeta_{用户信任}\end{bmatrix}$；

$$\mathrm{B}=\begin{bmatrix}\beta_{感知质量,感知价值} & \beta_{感知质量,用户满意度} & 0 & 0 & 0\\0 & \beta_{感知价值,用户满意度} & 0 & 0 & 0\\0 & 0 & \beta_{用户满意度,行业形象} & \beta_{用户满意度,用户信任} & 0\\0 & 0 & 0 & \beta_{行业形象,用户信任} & 0\\0 & 0 & 0 & 0 & 0\end{bmatrix}。$$

2）实证结果及分析

对山东省公路交通服务的6个子内容分别加以整理和分析，并分别基于这6个子内容构建结构方程模型，以完成实证研究和分析。

（1）各个子调查的结构方程模型研究结果整体分析

①公路交通管理社会满意度结构方程模型研究结果及分析。

通过结构方程检验后，公路交通管理社会满意度模型的各个潜变量之间的关系如

图 3-47所示,进而可以找出潜变量之间的内在影响关系。为了更好地说明各个潜变量之间的关系,将图 3-47 中的数据加以整理,给出了更为直观的影响关系系数表,见表 3-55。

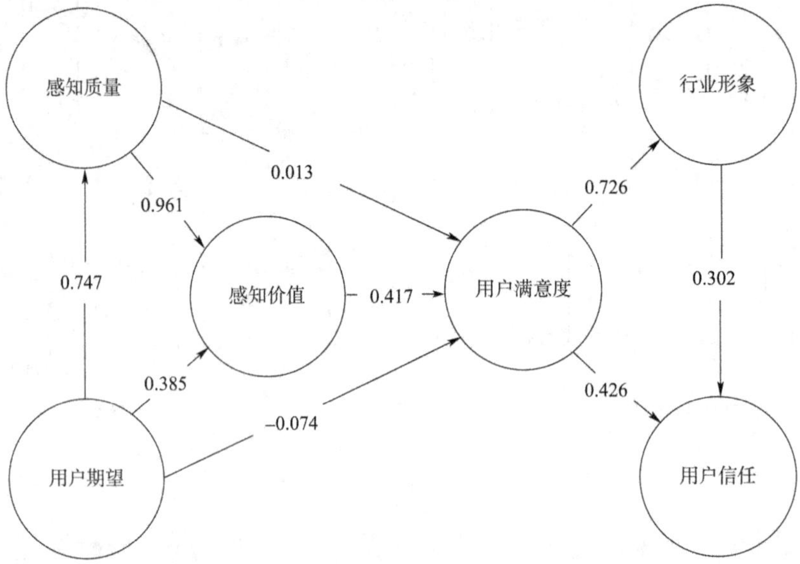

图 3-47　公路交通管理社会满意度结构方程模型研究结果

公路交通管理社会满意度结构方程模型研究结果系数表(单位:分)　　表 3-55

潜变量	影响系数	感知质量	感知价值	用户满意	行业形象	用户信任
用户期望	直接影响	0.747	0.385	-0.074	—	—
	间接影响	—	0.718	0.470	0.287	0.255
	总影响	0.747	1.103	0.396	0.287	0.255
感知质量	直接影响	—	0.961	0.013	—	—
	间接影响	—	—	0.401	0.300	0.267
	总影响	—	0.961	0.414	0.300	0.267
感知价值	直接影响	—	—	0.417	—	—
	间接影响	—	—	—	0.303	0.269
	总影响	—	—	0.417	0.303	0.269
用户满意	直接影响	—	—	—	0.726	0.426
	间接影响	—	—	—	—	0.219
	总影响	—	—	—	0.726	0.645
行业形象	直接影响	—	—	—	—	0.302
	间接影响	—	—	—	—	—
	总影响	—	—	—	—	0.302

a. 用户期望对随后其他潜变量的影响分析。

用户期望对感知质量和感知价值都有较大的影响。当用户期望每提高 1 分,感知质量将提高 0.747 分;当用户期望每提高 1 分,感知价值将提高 1.103 分。

用户期望对用户满意度、行业形象和用户信任具有一定的影响。当用户期望每提高 1 分，用户满意度将提高 0.396 分；当用户期望每提高 1 分，行业形象将提高 0.287 分；当用户期望每提高 1 分，用户信任将提高 0.255 分。

b. 感知质量对随后其他潜变量的影响分析。

感知质量对感知价值有较大的影响。当感知质量每提高 1 分，感知价值将提高 0.961 分。

感知质量对用户满意度、行业形象和用户信任都有一定的影响。当感知质量每提高 1 分，用户满意度将提高 0.414 分；当感知质量每提高 1 分，行业形象将提高 0.300 分；当感知质量每提高 1 分，用户信任将提高 0.267 分。

c. 感知价值对随后其他潜变量的影响分析。

感知价值对用户满意度、行业形象和用户信任都有一定的影响。当感知价值每提高 1 分，用户满意度将提高 0.417 分；当感知价值每提高 1 分，行业形象将提高 0.303 分；当感知价值每提高 1 分，用户信任将提高 0.269 分。

d. 用户满意度对随后其他潜变量的影响分析。

用户满意度对行业形象和用户信任都具有较大的影响。当用户满意度每提高 1 分，行业形象将提高 0.726 分；当用户满意度每提高 1 分，用户信任将提高 0.645 分。

e. 行业形象对随后潜变量的影响分析。

行业形象对用户信任具有一定的影响。当行业形象每提高 1 分，用户信任将提高 0.302 分。

②公路交通规划社会满意度结构方程模型研究结果及分析。

通过结构方程检验后，公路交通规划社会满意度模型的各个潜变量之间的关系如图 3-48所示，进而可以找出潜变量之间的内在影响关系。为了更好地说明各个潜变量之间的关系，将图 3-48 中的数据加以整理，给出了更为直观的影响关系系数表，见表 3-56。

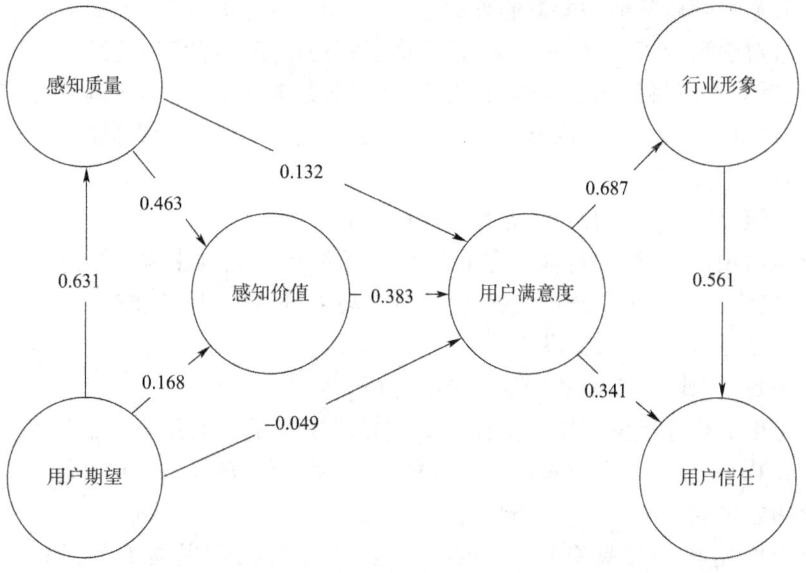

图 3-48　公路交通规划社会满意度结构方程模型研究结果

公路交通规划社会满意度结构方程模型研究结果系数表(单位:分)　　表3-56

潜变量	影响系数	感知质量	感知价值	用户满意	行业形象	用户信任
用户期望	直接影响	0.631	0.168	-0.049	—	—
	间接影响	—	0.292	0.260	0.145	0.153
	总影响	0.631	0.460	0.211	0.145	0.153
感知质量	直接影响	—	0.463	0.132	—	—
	间接影响	—	—	0.177	0.213	0.225
	总影响	—	0.463	0.309	0.213	0.225
感知价值	直接影响	—	—	0.383	—	—
	间接影响	—	—	—	0.263	0.278
	总影响	—	—	0.383	0.263	0.278
用户满意	直接影响	—	—	—	0.687	0.341
	间接影响	—	—	—	—	0.385
	总影响	—	—	—	0.687	0.726
行业形象	直接影响	—	—	—	—	0.561
	间接影响	—	—	—	—	—
	总影响	—	—	—	—	0.561

a. 用户期望对随后其他潜变量的影响分析。

用户期望对感知质量有较大的影响。当用户期望每提高1分,感知质量将提高0.631分。

用户期望对感知价值、用户满意度、行业形象和用户信任具有一定的影响。当用户期望每提高1分,感知价值将提高0.460分;当用户期望每提高1分,用户满意度将提高0.211分;当用户期望每提高1分,行业形象将提高0.145分;当用户期望每提高1分,用户信任将提高0.153分。

b. 感知质量对随后其他潜变量的影响分析。

感知质量对感知价值、用户满意度、行业形象和用户信任都有一定的影响。当感知质量每提高1分,感知价值将提高0.463分;当感知质量每提高1分,用户满意度将提高0.309分;当感知质量每提高1分,行业形象将提高0.213分;当感知质量每提高1分,用户信任将提高0.225分。

c. 感知价值对随后其他潜变量的影响分析。

感知价值对用户满意度、行业形象和用户信任都有一定的影响。当感知价值每提高1分,用户满意度将提高0.383分;当感知价值每提高1分,行业形象将提高0.263分;当感知价值每提高1分,用户信任将提高0.278分。

d. 用户满意度对随后其他潜变量的影响分析。

用户满意度对行业形象和用户信任都具有较大的影响。当用户满意度每提高1分,行业形象将提高0.687分;当用户满意度每提高1分,用户信任将提高0.726分。

e. 行业形象对随后潜变量的影响分析。

行业形象对用户信任具有较大的影响。当行业形象每提高1分,用户信任将提高0.561分。

③公路交通建设社会满意度结构方程模型研究结果及分析。

通过结构方程检验后，公路交通建设社会满意度模型的各个潜变量之间的关系如图 3-49所示，进而可以找出潜变量之间的内在影响关系。为了更好地说明各个潜变量之间的关系，将图 3-49 中的数据加以整理，给出了更为直观的影响关系系数表，见表 3-57。

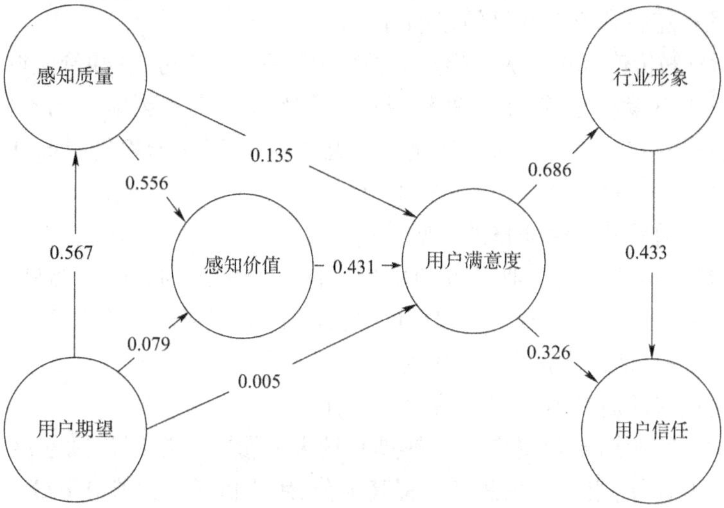

图 3-49　公路交通建设社会满意度结构方程模型研究结果

公路交通建设社会满意度结构方程模型研究结果系数表(单位：分)　表 3-57

潜变量	影响系数	感知质量	感知价值	用户满意	行业形象	用户信任
用户期望	直接影响	0.567	0.079	0.005	—	—
	间接影响	—	0.315	0.246	0.173	0.157
	总影响	0.567	0.394	0.251	0.173	0.157
感知质量	直接影响	—	0.556	0.135	—	—
	间接影响	—	—	0.240	0.257	0.233
	总影响	—	0.556	0.375	0.257	0.233
感知价值	直接影响	—	—	0.431	—	—
	间接影响	—	—	—	0.296	0.269
	总影响	—	—	0.431	0.296	0.269
用户满意	直接影响	—	—	—	0.686	0.326
	间接影响	—	—	—	—	0.297
	总影响	—	—	—	0.686	0.623
行业形象	直接影响	—	—	—	—	0.433
	间接影响	—	—	—	—	—
	总影响	—	—	—	—	0.433

a. 用户期望对随后其他潜变量的影响分析。

用户期望对感知质量有较大的影响。当用户期望每提高 1 分，感知质量将提高 0.567 分。

用户期望对感知价值、用户满意度、行业形象和用户信任具有一定的影响。当用户期望每提高1分，感知价值将提高0.394分；当用户期望每提高1分，用户满意度将提高0.251分；当用户期望每提高1分，行业形象将提高0.173分；当用户期望每提高1分，用户信任将提高0.157分。

b. 感知质量对随后其他潜变量的影响分析。

感知质量对感知价值有较大的影响。当感知质量每提高1分，感知价值将提高0.556分。

感知质量对用户满意度、行业形象和用户信任都有一定的影响。当感知质量每提高1分，用户满意度将提高0.375分；当感知质量每提高1分，行业形象将提高0.257分；当感知质量每提高1分，用户信任将提高0.233分。

c. 感知价值对随后其他潜变量的影响分析。

感知价值对用户满意度、行业形象和用户信任都有一定的影响。当感知价值每提高1分，用户满意度将提高0.431分；当感知价值每提高1分，行业形象将提高0.296分；当感知价值每提高1分，用户信任将提高0.269分。

d. 用户满意度对随后其他潜变量的影响分析。

用户满意度对行业形象和用户信任都具有较大的影响。当用户满意度每提高1分，行业形象将提高0.686分；当用户满意度每提高1分，用户信任将提高0.623分。

e. 行业形象对随后潜变量的影响分析。

行业形象对用户信任具有一定的影响。当行业形象每提高1分，用户信任将提高0.433分。

④公路交通养护社会满意度结构方程模型研究结果及分析。

通过结构方程检验后，公路交通养护社会满意度模型的各个潜变量之间的关系如图3-50所示，进而可以找出潜变量之间的内在影响关系。为了更好地说明各个潜变量之间的关系，将图3-50中的数据加以整理，给出了更为直观的影响关系系数表，见表3-58。

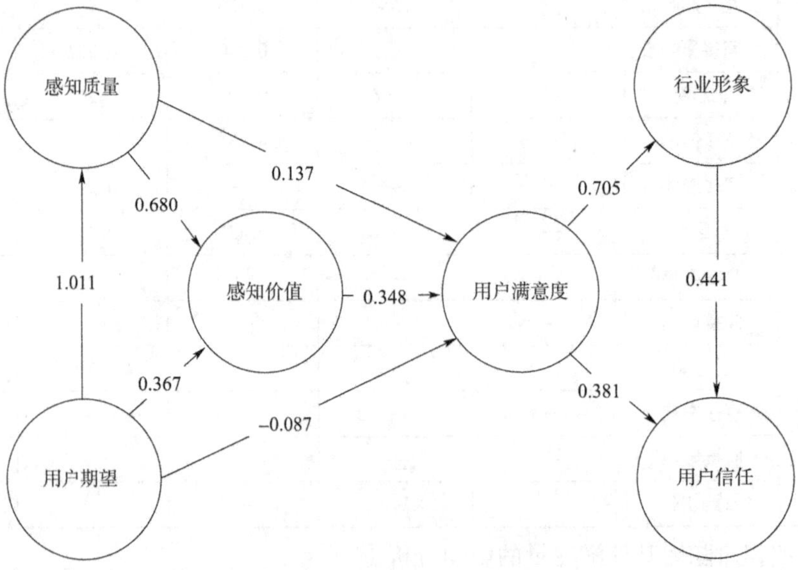

图3-50　公路交通养护社会满意度结构方程模型研究结果

公路交通养护社会满意度结构方程模型研究结果系数表(单位:分) 表3-58

潜变量	影响系数	感知质量	感知价值	用户满意	行业形象	用户信任
用户期望	直接影响	1.011	0.367	-0.087	—	—
	间接影响	—	0.687	0.505	0.295	0.290
	总影响	1.011	1.054	0.418	0.295	0.290
感知质量	直接影响	—	0.680	0.137	—	—
	间接影响	—	—	0.237	0.263	0.259
	总影响	—	0.680	0.374	0.263	0.259
感知价值	直接影响	—	—	0.348	—	—
	间接影响	—	—	—	0.245	0.241
	总影响	—	—	0.348	0.245	0.241
用户满意	直接影响	—	—	—	0.705	0.381
	间接影响	—	—	—	—	0.311
	总影响	—	—	—	0.705	0.692
行业形象	直接影响	—	—	—	—	0.441
	间接影响	—	—	—	—	—
	总影响	—	—	—	—	0.441

a. 用户期望对随后其他潜变量的影响分析。

用户期望对感知质量和感知价值有较大的影响。当用户期望每提高1分,感知质量将提高1.011分;当用户期望每提高1分,感知价值将提高1.054分。

用户期望对用户满意度、行业形象和用户信任具有一定的影响。当用户期望每提高1分,用户满意度将提高0.418分;当用户期望每提高1分,行业形象将提高0.295分;当用户期望每提高1分,用户信任将提高0.290分。

b. 感知质量对随后其他潜变量的影响分析。

感知质量对感知价值有较大的影响。当感知质量每提高1分,感知价值将提高0.680分。

感知质量对用户满意度、行业形象和用户信任都有一定的影响。当感知质量每提高1分,用户满意度将提高0.374分;当感知质量每提高1分,行业形象将提高0.263分;当感知质量每提高1分,用户信任将提高0.259分。

c. 感知价值对随后其他潜变量的影响分析。

感知价值对用户满意度、行业形象和用户信任都有一定的影响。当感知价值每提高1分,用户满意度将提高0.348分;当感知价值每提高1分,行业形象将提高0.245分;当感知价值每提高1分,用户信任将提高0.241分。

d. 用户满意度对随后其他潜变量的影响分析。

用户满意度对行业形象和用户信任都具有较大的影响。当用户满意度每提高1分,行业形象将提高0.705分;当用户满意度每提高1分,用户信任将提高0.692分。

e. 行业形象对随后潜变量的影响分析。

行业形象对用户信任具有一定的影响。当行业形象每提高1分,用户信任将提高0.441分。

⑤农村公路服务社会满意度结构方程模型研究结果及分析。

通过结构方程检验后,农村公路服务社会满意度模型的各个潜变量之间的关系如图3-51所示,进而可以找出潜变量之间的内在影响关系。为了更好地说明各个潜变量之间的关系,将图3-51中的数据加以整理,给出了更为直观的影响关系系数表,见表3-59。

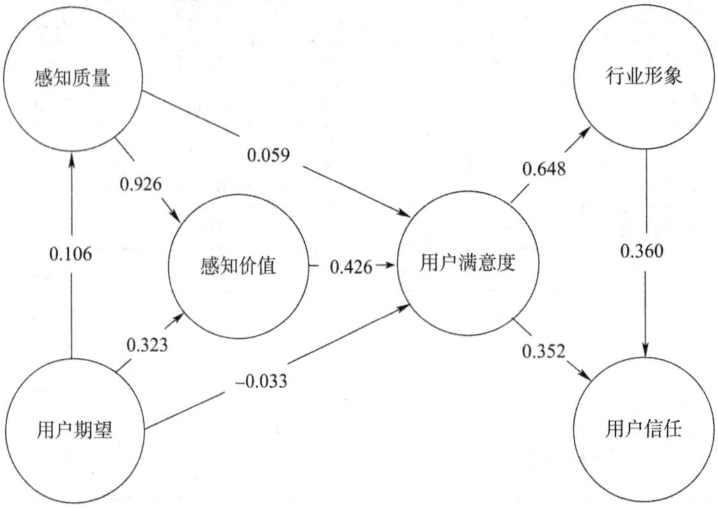

图3-51　农村公路服务社会满意度结构方程模型研究结果

农村公路服务社会满意度结构方程模型研究结果系数表(单位:分)　　表3-59

潜变量	影响系数	感知质量	感知价值	用户满意	行业形象	用户信任
用户期望	直接影响	0.106	0.323	-0.033	—	—
	间接影响	—	0.098	0.186	0.099	0.089
	总影响	0.106	0.421	0.153	0.099	0.089
感知质量	直接影响	—	0.926	0.059	—	—
	间接影响	—	—	0.394	0.294	0.265
	总影响	—	0.926	0.453	0.294	0.265
感知价值	直接影响	—	—	0.426	—	—
	间接影响	—	—	—	0.276	0.249
	总影响	—	—	0.426	0.276	0.249
用户满意	直接影响	—	—	—	0.648	0.352
	间接影响	—	—	—	—	0.233
	总影响	—	—	—	0.648	0.585
行业形象	直接影响	—	—	—	—	0.360
	间接影响	—	—	—	—	—
	总影响	—	—	—	—	0.360

a.用户期望对随后其他潜变量的影响分析。

用户期望对感知质量、感知价值和用户满意度具有一定的影响。用户期望对有较大的影响。当用户期望每提高1分,感知质量将提高0.106分;当用户期望每提高1分,感知价值将提高0.421分;当用户期望每提高1分,用户满意度将提高0.153分。

用户期望对行业形象和用户信任的影响微弱。当用户期望每提高1分,行业形象将提高0.099分;当用户期望每提高1分,用户信任将提高0.098分。

b.感知质量对随后其他潜变量的影响分析。

感知质量对感知价值有较大的影响。当感知质量每提高1分,感知价值将提高0.926分。

感知质量对用户满意度、行业形象和用户信任都有一定的影响。当感知质量每提高1分,用户满意度将提高0.453分;当感知质量每提高1分,行业形象将提高0.294分;当感知质量每提高1分,用户信任将提高0.265分。

c.感知价值对随后其他潜变量的影响分析。

感知价值对用户满意度、行业形象和用户信任都有一定的影响。当感知价值每提高1分,用户满意度将提高0.426分;当感知价值每提高1分,行业形象将提高0.276分;当感知价值每提高1分,用户信任将提高0.249分。

d.用户满意度对随后其他潜变量的影响分析。

用户满意度对行业形象和用户信任都具有较大的影响。当用户满意度每提高1分,行业形象将提高0.648分;当用户满意度每提高1分,用户信任将提高0.585分。

e.行业形象对随后潜变量的影响分析。

行业形象对用户信任具有一定的影响。当行业形象每提高1分,用户信任将提高0.360分。

通过对比前5个子满意度调查结果的结构模型结果可以看出,山东农村公路服务社会满意度还有待提高,而且各个因素之间的作用也不明显,这些都需要在以后的农村公路服务中引起注意。

⑥高速公路服务社会满意度结构方程模型研究结果及分析。

通过结构方程检验后,高速公路服务社会满意度模型的各个潜变量之间的关系如图3-52所示,进而可以找出潜变量之间的内在影响关系。为了更好地说明各个潜变量之间的关系,将图3-52中的数据加以整理,给出了更为直观的影响关系系数表,见表3-60。

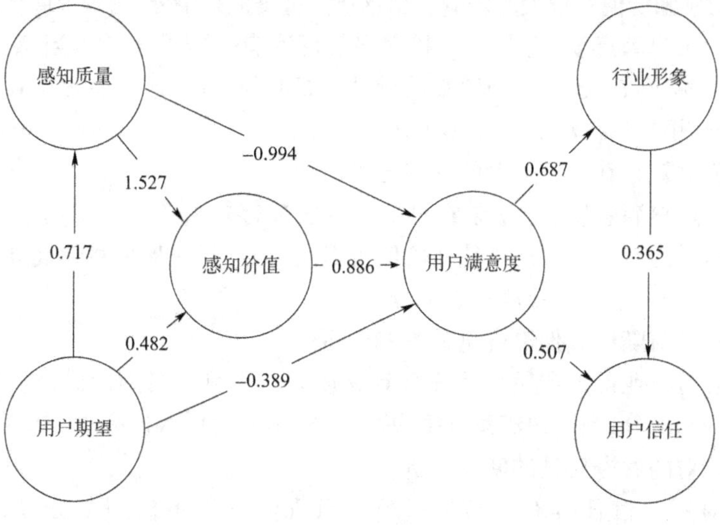

图3-52　高速公路服务社会满意度结构方程模型研究结果

高速公路服务社会满意度结构方程模型研究结果系数表(单位:分)　　表 3-60

潜变量	影响系数	感知质量	感知价值	用户满意	行业形象	用户信任
用户期望	直接影响	0.717	0.482	-0.389	—	—
	间接影响	—	1.095	0.684	0.203	0.224
	总影响	0.717	1.577	0.295	0.203	0.224
感知质量	直接影响	—	1.527	-0.994	—	—
	间接影响	—	—	1.353	0.247	0.272
	总影响	—	1.527	0.359	0.247	0.272
感知价值	直接影响	—	—	0.886	—	—
	间接影响	—	—	—	0.609	0.671
	总影响	—	—	0.886	0.609	0.671
用户满意	直接影响	—	—	—	0.687	0.507
	间接影响	—	—	—	—	0.251
	总影响	—	—	—	0.687	0.758
行业形象	直接影响	—	—	—	—	0.306
	间接影响	—	—	—	—	
	总影响	—	—	—	—	0.306

a. 用户期望对随后其他潜变量的影响分析。

用户期望对感知质量和感知价值都有较大的影响。当用户期望每提高 1 分,感知质量将提高 0.717 分;当用户期望每提高 1 分,感知价值将提高 1.577 分。

用户期望对用户满意度、行业形象和用户信任具有一定的影响。当用户期望每提高 1 分,用户满意度将提高 0.295 分;当用户期望每提高 1 分,行业形象将提高 0.203 分;当用户期望每提高 1 分,用户信任将提高 0.224 分。

b. 感知质量对随后其他潜变量的影响分析。

感知质量对感知价值有较大的影响。当感知质量每提高 1 分,感知价值将提高 1.527 分。

感知质量对用户满意度、行业形象和用户信任都有一定的影响。当感知质量每提高 1 分,用户满意度将提高 0.359 分;当感知质量每提高 1 分,行业形象将提高 0.247 分;当感知质量每提高 1 分,用户信任将提高 0.272 分。

c. 感知价值对随后其他潜变量的影响分析。

感知价值对用户满意度、行业形象和用户信任都有较大的影响。当感知价值每提高 1 分,用户满意度将提高 0.886 分;当感知价值每提高 1 分,行业形象将提高 0.609 分;当感知价值每提高 1 分,用户信任将提高 0.671 分。

d. 用户满意度对随后其他潜变量的影响分析。

用户满意度对行业形象和用户信任都具有较大的影响。当用户满意度每提高 1 分,行业形象将提高 0.687 分;当用户满意度每提高 1 分,用户信任将提高 0.758 分。

e. 行业形象对随后潜变量的影响分析。

行业形象对用户信任具有一定的影响。当行业形象每提高 1 分,用户信任将提高 0.306 分。

(2)各潜变量同观测变量之间关系分析。

在完成公路交通服务社会满意度的结构方程模型结果分析之后,为了更加有效地说明潜变量和观测变量之间的关系,分别对感知质量和感知价值两个潜变量同其各自的观测变量之间的关系进行分析,并同前结构方程模型分析相对应,整理了感知质量和感知价值两个潜变量同其各自的观测变量的因子载荷数据,见表3-61、表3-62。

感知质量同观测变量的对应关系表(单位:分) 表3-61

评价领域	观测变量	因子载荷
公路交通管理	合理的配套设施评价	0.789
	良好的交通秩序评价	0.844
	良好的信息服务评价	0.861
	良好的紧急救助评价	0.883
	充分的突发事件应急能力评价	0.845
	良好的交通安全状况评价	0.786
	方便、快捷评价	0.737
公路交通规划	土地利用合理性评价	0.782
	公路网布局合理性评价	0.794
	技术等级构成合理性评价	0.842
	高速公路建设顺序合理性评价	0.831
	交通枢纽规划合理性评价	0.839
	环境、生态保护重视程度评价	0.731
公路交通建设	当前公路建设质量的评价	0.785
	当前公路建设速度的评价	0.802
	当前公路建设监管工作的评价	0.843
	当前公路建设中对环境、生态保护情况的评价	0.825
公路交通养护	当前公路养护及时性的评价	0.849
	当前公路路面质量的评价	0.874
	当前公路桥梁状况的评价	0.900
	公路养护施工交通影响情况的评价	0.872
	对当前公路美化、绿化情况的评价	0.834
农村公路服务	农村公路建设质量的评价	0.775
	农村公路管理工作的评价	0.875
	农村公路养护工作的评价	0.881
高速公路服务	对高速公路沿线的绿化美化的评价	0.814
	对高速公路路面质量的评价	0.831
	对高速公路的收费时间的评价	0.820

续上表

评价领域	观测变量	因子载荷
高速公路服务	对高速公路两侧防护设施的评价	0.794
	对高速公路应急事件的处理评价	0.715
	对高速公路服务区的评价	0.686

通过表3-61中的数据可以得出,全省公路交通服务社会满意度的6个子调查中的感知质量同其各自的观测变量之间的关系密切;而且从结构方程模型的分析结果来看,感知质量是用户满意度的重要影响因素之一。因此,只要对调查表中相关的内容加以注意,就会增加感知价值和用户满意度,进而提高公路交通服务行业整体的行业形象和用户信任。

感知价值同观测变量的对应关系表(单位:分) 表3-62

评价领域	观测变量	因子载荷
公路交通管理	公路管理发挥的作用评价	0.780
	对公路管理工作应当重视的程度评价	0.581
	与其他运输行业相比公路规划工作的效果评价	0.780
公路交通规划	公路规划发挥的作用评价	0.768
	对公路规划工作应当重视的程度评价	0.377
	与其他运输行业相比公路规划工作的效果评价	0.693
公路交通建设	公路建设发挥的作用评价	0.731
	对公路建设工作应当重视的程度评价	0.572
	与其他运输行业相比公路建设工作的效果评价	0.665
公路交通养护	以当前的投入程度,公路养护发挥的作用评价	0.753
	对公路养护工作应当重视的程度评价	0.527
	与其他运输行业相比公路养护工作的效果评价	0.765
农村公路服务	农村公路发挥的作用评价	0.709
	对农村公路应当重视的程度评价	0.356
	与其他运输行业相比农村公路的效果评价	0.637
高速公路服务	对环境、生态保护重视程度的评价	0.583
	对高速公路投入情况的评价	0.583

通过表3-62中的数据可以得出,全省公路交通服务社会满意度的6个子调查中的感知价值同其各自的观测变量之间的关系密切。由此可见,对于各种服务应该给予的重视程度同感知价值之间的关系程度较低,可见重视程度还应该加以提高,增强其对感知价值的关系。综上所述,高速公路服务社会满意度模型中的感知价值同观测变量之间的关系不强,主要原因可能是我国的公路交通服务行业整体水平较高,尤其高速公路的服务质量更好,进而削弱了感知价值和观测变量之间的关系。

从结构方程模型的分析结果来看,感知价值是用户满意度的重要影响因素之一。因此,只要对调查表中相关的内容加以注意并改进,就会增加顾客的满意度,进而提高公路交通服务行业整体的行业形象和用户信任。

3.5　山东省公路交通服务质量现状及问题分析

3.5.1　山东省公路交通服务社会现状

1)山东省公路交通服务社会处于比较满意水平

我国公路交通服务社会总体满意度较高,为79.65分,处于比较满意等级,说明我国公路交通工作取得了较大的成就,较好地满足了广大城乡居民出行和社会主义新农村建设发展的需求,获得了公众的认可。

2)公路交通对促进社会经济进步起到了重要作用

研究结果显示,在公路交通规划、建设、管理、养护、农村公路和高速公路6个领域中,潜变量感知价值的观测变量"对促进社会进步发挥作用"的满意度分别为85.90分、86.20分、82.90分、83.40分、87.20分、80.00分,远高于总体满意度水平,说明公路交通对促进社会经济进步起到了不可替代的作用。同时,这也表明山东省各级交通运输主管部门切实贯彻落实了"三个服务"的基本宗旨。

3)公路交通树立了良好的行业形象

研究结果显示,在公路交通规划、建设、管理、养护、农村公路和高速公路6个领域中,行业形象满意度分别为84.40分、81.60分、79.80分、80.20分、76.80分、83.20分,均高于各自领域的满意度水平,并且其中5个满意度还高于总体满意度水平,说明山东省公路交通在社会上已经树立了良好的行业形象。

4)公路交通规划和高速公路管理具有较好的服务社会满意度水平

研究结果显示,公路交通规划和高速公路管理领域的满意度分别为83.45分、81.77分,均高于总体满意度79.65分的水平。由此可见,这两个领域具有较好的服务社会满意度水平,较好地满足了社会需求,方便了人民生活,提高了城乡人民生活质量,改善了人们的出行条件,节省了出行时间,降低了出行成本,为城乡居民提供了快捷、安全、清洁、方便的出行环境,大大方便了人民生活,是公众对我国公路交通规划和高速公路工作的一个肯定。

5)农村公路、高速公路的快速发展,得到民众的广泛认可

研究结果显示,农村公路服务领域中"农村公路发挥的作用"这一项得到了民众的普遍赞同和认可,其满意度在所有调查项中最高,得分为87.20分。由此可见,"村村通工程"极具民心,方便了农村居民出行,降低了运输成本,缩短了运输时间,推动了农村社会经济进步。同时,高速公路服务领域各项满意度调查中,广大出行者和城乡居民对高速公路的作用和满足社会需要的程度给予了肯定,其满意度最高,得分为84.10分。这表明高速公路促进了沿线及周边地区的经济发展,推动了沿线的市镇建设与发展,拓展了人们的空间,改变着人们的思想观念,使人们的地域观念、时间观念发生了重大变化。

6)各领域感知质量服务水平喜忧参半

研究结果显示,各领域感知质量中观测变量处于优势区及修补区的比例为1∶1。处于优势区域的为公路网布局合理性、建设顺序合理性、交通枢纽规划合理性、公路建设速度、规划工作对环境生态保护情况的评价、公路配套设施配置情况的评价、公路交通紧急救助工作的评价、突发事件的应急能力的评价、系统方便快捷实现情况的评价、公路桥梁状况的评价、

公路美化绿化情况的评价、农村公路管理工作的评价、高速公路沿线绿化美化的评价、高速公路两侧防护设施的评价、高速公路应急事件的处理评价；处于修补区域的为土地利用合理性、技术等级构成合理性、环境生态保护重视程度、公路建设质量的评价、公路建设监管工作的评价、公路交通秩序的评价、公路交通信息服务工作的评价、交通安全情况的评价、公路养护及时性的评价、公路路面质量的评价、公路养护施工交通影响评价、农村公路建设质量的评价、农村公路养护工作的评价、高速公路路面质量的评价、高速公路的收费时间的评价、高速公路服务区的评价。

7）交通建设、管理、养护与农村公路具有较大的提升空间

交通建设、管理、养护与农村公路服务社会满意度较总体满意度低，分值差分别为0.08分、1.07分、0.78分、3.97分。通过结构方程模型分析可知，通过提高感知质量、感知价值、用户期望等潜变量的分值可以直接或间接地提升领域满意度，进而可以提升总体满意度。从分值差值来看，提升空间大小顺序为农村公路、交通管理、养护、建设。

3.5.2 存在问题及原因分析

我国公路交通发展虽取得了巨大成就，但从总体上看，公路交通运输与服务经济社会发展及满足民众对公路交通服务的需求相比，仍有较大差距。由四分图结果汇总（图3-53），可以归纳总结为规划领域的环保重视程度、公路建设质量、公路养护管理、交通秩序和交通信息化等方面与公众的期望差距较大。

1）规划领域环境保护重视程度不够

公路交通规划领域中的土地利用合理性、技术等级构成合理性及环境保护方面处于修补区，尤其是环境保护方面，在调查过程中，被调查者也强烈表达了要更加注重环境与生态保护的意愿。其原因在于我国在公路交通发展与环境保护领域方面，起步较晚有关，没有形成比较规范、完善和科学的公路环保体系，环境、生态保护意识不强；没有把保护生态自然环境和社会环境作为一个整体加以考虑，无法实现公路交通与自然、生态，协调、可持续发展。

2）公路建设质量有待提高

公路交通建设领域、养护领域、农村公路服务和高速公路服务领域涉及公路建设质量方面的均处于修补区，其总体社会满意度不高，其满意度分别为76.20分、76.90分、73.10分和80.00分。其原因主要包括：

（1）公路建设前期工作滞后，有些建设项目前期工作时间太短、勘察设计深度不足，直接影响了设计与建设质量。

（2）交通主管部门对公路建设的管理力度不够。

（3）工程设计质量不高，设计上有缺陷。

（4）施工单位质量意识淡薄，技术人员素质较低，设备陈旧，没有严格执行施工规范。

（5）监理单位业务水平较低，履约能力差，责任心不强，没有对工程质量严格把关。

3）公路交通养护管理水平有待提升

公路交通养护管理水平较低，主要体现在公路交通养护和农村公路领域，其总体社会满意度分别为76.80分和74.20分。主要由以下因素导致：

（1）管理体制落后。目前我国大多数公路养护管理仍采用事业型管理体制，少数建立养护公司，但养护经费均采用拨款方式。这种在计划经济体制下形成的养护管理模式已不能

适应公路公司性经营的要求。尽管各市在养护管理机构及组织方式上比较健全，但是由于体制的影响和养护市场的封闭型管理，已越来越严重地影响公路养护水平和养护管理机制的创新。

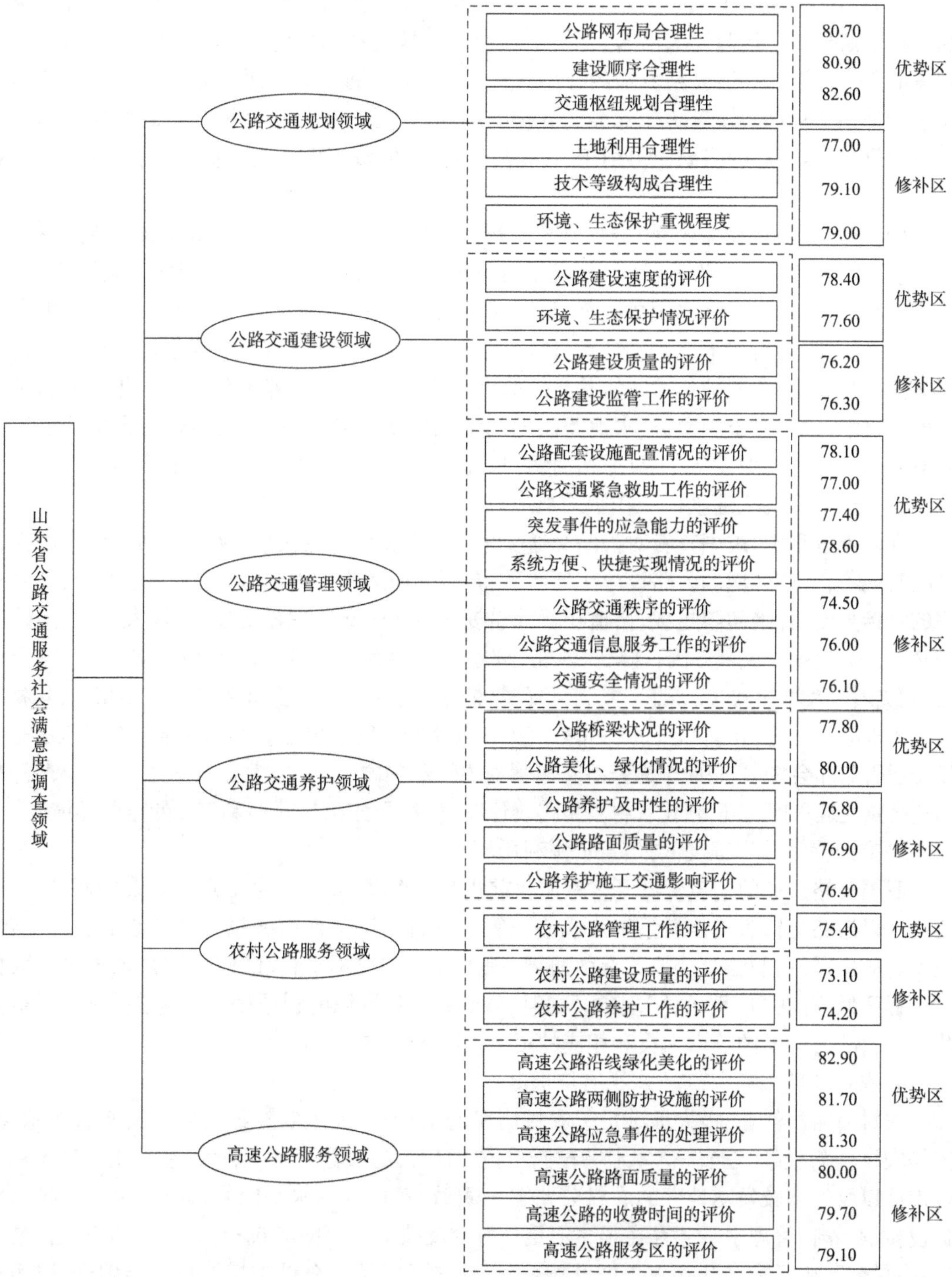

图3-53　公路交通服务社会各领域满意度四分图结果汇总

(2)"重建轻养"的思想严重。主要表现为建设时对建成的公路养护管理考虑不够周全,直到公路开通时才研究养护管理问题,或是存在"公路工程质量好,早期无须养护"的思想。在管理过程中表现为养护资金投入不足和对科技进步重视不够。

(3)缺少养护定额与技术规范。针对高等级公路养护管理特点的全国性或地方性统一的养护定额与技术规范尚未出台,养护工程费支出缺乏严格的考量标准,随意性较大;养护质量的考核仍沿用一般公路养护的"好路率"指标,不能满足高等级公路全方位养护的客观要求;农村公路方面,缺乏统一标准的养护管理办法,对农村公路养护管理的指导、监督、考核不到位,管养不分的格局使得用于道路养护与维修的费用降低至最低水平,且直接影响到养护质量。

(4)养护机械配套率不足,养护科技含量低。虽然一些地方,一些高等级公路配备了从国外引进的大功率综合性养护机械,但是对机械适应能力差,对机械性能的开发严重不足,使用频率低,设备闲置浪费现象比较严重;养护作业大多仍采用传统的手工作坊式生产组织,对国外已有的新技术、新工艺、新材料只处在试验阶段,还没有大规模推广使用。农村公路方面,缺乏专业的养护技术队伍及高效的机械养护设施,基层养护部门没有相应的高素质的养护技术人员,对于沥青类、水泥类路面的常见病害不能很好处治,还处在原始的手工业阶段,工效低下、养护设备、工具原始简陋,与现有农村公路养护的需求极不相称。

4)交通安全与交通秩序工作亟须加强

在调查过程中,被调查者对公路交通安全及交通秩序普遍关注,认为交通管理方面存在乱收费现象,一些区域的公路设施破坏严重,希望交通运输主管部门,加大交通安全、交通秩序的宣传力度,杜绝超限超载、占道经营等违规或不文明交通现象的发生;加大危桥、险路的安全改造力度等。究其原因,这与我国现行的公路交通管理体制有关,目前的交通管理主要由公安、交通以及城建、农机等部门共同负责,各交通管理部门其主要业务性质各不相同,其相互间关系松散、工作脱节,不能形成一个强有力的公路交通管理体系。交通安全与交通秩序是公路交通服务社会之本,交通作为公路交通管理主管部门之一,应加大交通安全工作力度,深化高速公路交通秩序治理,强化农村公路路政管理,努力开创整洁、规范和有序的路面环境。

5)交通信息共享程度低,信息资源利用不充分

我国公路交通的信息资源开发利用目前仍是一个薄弱环节,是信息化发展的瓶颈,虽然建立了以道路运输管理信息系统为核心的管理平台和以公众服务系统为核心的服务平台,但是各应用系统相互独立,缺乏有效协调,缺乏统一的技术平台和数据平台,系统之间数据共享程度低,存在"信息孤岛"现象。同时,对现有信息资源的利用程度不高或基本处于空白状态以及缺乏必要的技术人员和相应的资金保障等问题。

6)农村公路服务"三农"水平有待提高

农村公路的修建,极大地满足了农村居民的出行,对促进农村经济发展具有重要意义,但是农村公路服务"三农"整体水平较低,与农村居民的服务需求有较大差距,主要表现在靠近市区以及经济较发达地区的农村公路建设质量、养护管理水平较好,偏远、山区农村公路建设质量、养护管理水平还存在很多不足。群众反映的主要问题包括:农村公路建设标准太低;农村公路桥涵配套和基本防护设施缺乏,标志标线及安全设施需要进一步健全;路面较窄;养护不及时,刚修好的路半年就出现大坑,无人维护;占道情况严重;等等。此外,没有形

成规范的农村公路发展体制和运行机制，特别是普遍缺少养护机构、养护设备和养护资金，农村公路经常性养护水平较低，这主要与现行的农村公路管理养护以县级人民政府为责任主体，负责管理养护工作有关。

3.5.3　提升策略与建议

1）理论策略

虽然我国公路交通服务社会满意度处于比较满意等级，但是还有较大的提升空间。

其提升理论策略如下。

（1）掌握各领域感知质量子因素所处的位置

通过四分图分析，可以明确各领域感知质量子因素所处的位置，对于处于优势区的子因素，继续保持现有发展水平即可，重点放在处于修补区的子因素。例如，高速公路领域感知质量，其绿化、防护栏与应急处理处于优势区，路面质量、收费时间、服务区处于修补区，应重点加强高速公路路面养护质量，提高路面技术状况；加快ETC建设，缩短收费时间；加速服务区改造，提升服务质量。

（2）找准掌握各领域潜变量与满意度之间的关系强度

各领域潜变量与满意度之间的关系强度，直接影响其满意度水平。例如，在公路交通规划领域，感知质量与满意度之间的关系强度为0.309，感知价值与满意度的关系强度为0.383；公路交通建设领域，感知质量与满意度之间的关系强度为0.375，感知价值与满意度的关系强度为0.431；公路交通管理领域，感知质量与满意度之间的关系强度为0.414，感知价值与满意度的关系强度为0.417；公路交通养护领域，感知质量与满意度之间的关系强度为0.374，感知价值与满意度的关系强度为0.348；农村公路领域，感知质量与满意度之间的关系强度为0.453，感知价值与满意度的关系强度为0.426；高速公路领域，感知质量与满意度之间的关系强度为0.359，感知价值与满意度的关系强度为0.886。因此，在实际工作中，应充分考虑这种不同，制定不同的服务策略，满足其不同的领域发展需求。例如，从高速公路看，感知价值与满意度的关系强度0.886，远远高于感知质量与满意度之间的关系强度0.359，说明我国高速公路基本建设方面已经较为完善，在管理方面仍然欠缺，需要进一步提高管理水平，更好地满足社会对公路交通的精神层面的需求。

（3）摸清各领域载荷因子水平

载荷因子的大小，表征反映潜变量被所对应的观测变量反映的程度。应加强载荷因子较大的观测变量的工作力度，事半功倍。例如，公路交通管理领域“良好的突发事件处理能力评价”载荷因子高达0.883，在实际工作中，加强这方面的工作，可以明显提高公路交通管理领域的满意度水平。

（4）把握不同民众对公路交通服务社会的要求

不同民众对公路交通服务社会的要求各不相同。

①年龄层次。年轻人上学、打工出行较多，通过各种媒体获得的各类信息较多，对公路交通出行的要求较高，这一点可以从其满意度得到验证，如18岁及以下年龄段的总满意度为76.2分，18～25岁这一年龄段的满意度为78.75分；老年人行动不便，出行较少，但对出行的舒适、便捷有较高的要求，这一点可以从其满意度得到验证，60岁以上老年人的总满意度为77.7分。

②性别不同。男性满意度为76.2分，比女性满意度低2.55分。

③职业、学历、收入等的不同都造成满意度的不同。

因此，在实际工作中，应充分考虑不同民众的特殊需求，制定不同的服务策略，满足其不同的特殊需求。例如，针对学生满意度较低的情况，可以采取优先规划、建设、养护通校公路等措施。

(5)综合考虑，有的放矢

以上四方面的措施是不可分割，紧密联系的，应综合考虑。

①对处于修补区的子因素进行归类。

②分析处于修补区的感知质量与满意度之间的联系强度。

③分别比较感知质量与感知价值与满意度之间的关系强度。

④分析统计特性与所选因素的关系。找准重点，有的放矢，全面提升我国公路交通服务社会满意度水平。

(6)注重提升措施实施前后结果对比

应注重提升措施实施前后结果对比，检测实施效果。措施实施一段时间后，组织一次满意度调查，测算其满意度，将实施措施前后满意度进行比较分析，探明效果，同时进行深入分析，找准下一步工作重点，持续提升我国公路交通服务社会满意度水平。

2)工作策略

其提升工作策略如下。

(1)成立全省公路交通满意度测评工作领导小组

加强领导，依托省厅科教处成立全省公路交通满意度测评工作领导小组，负责全省公路交通以及今后应相继开展的涉及交通运输领域满意度测评领导工作。同时，组织成立满意度测评专家咨询委员会，借助外脑，促进工作。

(2)制定全省公路交通满意度测评管理办法

组织相关领导专家制定全省公路交通满意度测评管理办法，从组织形式、内容、测评方式、结果应用、奖惩措施等方面规范全省公路交通满意度测评工作。

(3)组织全省公路交通满意度测评培训

组织编制公路交通满意度测评手册和指南，开展经常性的满意度培训教育、技术和经验交流工作，将服务社会知识纳入职业教育和培训体系，提高全行业的服务意识、业务水平和操作技能，全面提高全行业从业人员素质。

(4)每年组织一次全省公路交通满意度测评

每年组织一次全省公路交通满意度测评，形成长效机制，有利于进行前后满意度对比；召开专家咨询会，畅所欲言，找准问题，为进一步科学决策服务。

3)建议

(1)更加注重公路交通环境生态保护

公路交通环境生态保护工作是发展现代交通运输业的主旨之一，是与社会民众生活息息相关的民生工作。根据满意度调查结果显示，社会对公路交通生态环境保护工作还存在一定程度的不满意。公路交通环境生态保护工作应以四化管理为宗旨，尽快形成我国公路交通规划、建设、管理与养护工作的生态环境保护标准或规范，积极创新或引入先进设计、施工与管理理念。例如,公路交通规划工作因势就势、合理规划土地使用效率、公路沿线设施要与周围环境相协调、降低公路交通噪声等;公路交通建设与养护工作尽量选用新工艺、新材料,注重废旧材料的循环再利用,重视建筑垃圾的清理等。依托网络技术、计算机技术、远程监控技术建立全省公路交通环境生态保护监控体系,全面实现全省公路交通环境生态实时监测与控制,确保我国公路交通实现节能减排任务目标,保护环境,实现公路交通的可持续发展。

(2)完善全方位的公路建设监管体系

公路建设监管是维护公路建设市场秩序,促进公路事业持续、快速、健康发展的重要手段,是公路交通主管部门的主要管理职责。根据满意度调查结果显示,社会对公路交通建设监管工作还存在一定程度的不满意。公路建设监管应以四化管理为契机,深入贯彻执行交通运输部《公路建设监督管理办法》,规范公路交通建设市场,不断完善政府主管部门监督下的法人管理、社会监理、企业自检质量保障,积极推行双合同制、纪检监察派驻制、跟踪审计制等先进管理制度,实现监管工作的靠前监督、行为监督和实体监督并重,预前监督、行为监督、质量管理与问题处罚并重;毫不松懈地加强廉政建设,有针对性地采取预防措施,围绕工程转分包、工程监理、质量监督等关键环节,建立预防和治理商业贿赂的长效管理制度,全面推进公路交通建设市场诚信体系建设,进一步完善招、投标制度,提高工程建设质量,构建我国全方位公路建设监管体系,实现公路交通建设的健康和谐发展。

(3)加强公路交通信息化建设

公路交通信息化是构建智能综合运输体系的基础,是进行科学决策与管理的辅助手段,也是公路交通服务社会的重要组成部分。根据满意度调查结果显示,社会对公路交通信息化工作还存在一定程度的不满意。公路交通信息化建设应以四化管理为基础,加强交通信息化标准体系建设,促进交通信息网络基础建设,逐步形成以公路交通基础数据元集标准为引导,推动智能交通、现代物流、电子政务、交通信息通信、电子地图等信息化标准的制订、修订和推广应用工作,逐步完善交通信息化建设所需的核心和关键信息化标准;重点推动交通信息资源的整合、共享和开发利用,加强交通信息查询、网上审批、出行信息检索等业务服务功能;完善路况服务系统,向社会提供及时、准确的路况信息;积极引导和鼓励企业从事交通信息资源的商业性服务;同时,运用多种方式,对交通信息化政策、技术进行宣传和培训,推动公路交通信息化整体水平的提高。

(4)提高公路养护管理水平

公路养护管理是巩固我国公路建设成果的关键因素,是保障公路交通网络便捷、畅通、高效安全的重要方式。根据满意度调查结果显示,社会对公路养护管理工作还存在一定程度的不满意,与用户期望相比还有一定差距。公路交通养护管理应加快研究开发利用新技术、新工艺、新材料、新设备,积极开发应用公路养护管理信息系统,建立和完善数据齐全、查询方便、利于科学决策的公路数据库。科学合理地安排养护资金,特别是小修保养资金,要向着鼓励通过小修保养改善路况,延长公路使用寿命的方向倾斜,防止由于资金安排上的不合理,造成客观上"弃养待建"的弊病,特别是对交通量增大,病害不断加重,社会广泛关注的重点路段一定要优先安排,对社会反响大、群众意见纷纷、路况很差的路段,将通报批评,限期整改;制订详细的养护进度计划,严格养护资金管理,进一步完善以定额养护、计量支付为核心的养护报销制度，规范养护管理制度，确保养护资金专款专用；组建公路特殊情况处置分队，加强恶劣天气上路巡查，确保全天候道路安全畅通；同时，将先进的文化理念引入公路养护中，继续巩固良好的路况，努力将公路建成集运输线、风景线、旅游线于一体的精品，赋予公路新的文化内涵，使公路成为文明的载体，补充社会的文明部分，实现文明创建理念、内容、机制、途径上的不断创新，不断提升公路交通的文明形象。

(5)提升农村公路建设质量

农村公路建设是推进社会主义新农村建设的重要内容，是增加农民收入的有效途径，是扩大内需、拉动经济增长的重要措施，是构建便捷、通畅、高效、安全的交通运输体系的重要组成部分。根据满意度调查结果显示，社会对公路建设工作还存在一定程度的不满意，重点是农村公路建设质量满意度较低。农村公路建设应进一步增强交通主管部门对农村公路建设行业管理职能，制定统一的具有分类指导意义的农村公路建设质量标准或规范；做好农村公路的规划工作，规划先行，实施在后，实施工程中还要经过有关部门和专家的论证，把握其合理性，对原有的规划也要进行再优化、再补充；建立全省农村公路的建设公示制度，让人民群众监督质量。建议在今后的农村公路工作中，在条件允许的情况下，提高农村公路技术等级，不断提高服务三农的水平。

(6)改善高速公路服务区服务水平

服务区的建设和运营，对满足司乘人员高速公路出行过程中的基本需求，提升高速公路服务水平，充分发挥高速公路经济社会效益，提高应急保障能力等方面具有重要作用。根据满意度调查结果显示，社会对高速公路服务区管理工作还存在一定程度的不满意。高速公路服务区的建设和运营应以科学发展观为指导，落实四化管理新理念，全面导入高速公路服务区 CI 形象设计，导入高速公路服务区 CI 理念，聘请专业设计公司根据高速公路的经营理念对服务区经营场所进行统一规划、统一装饰，员工统一着装，统一高速公路服务区外部形象；积极推进服务区信息化建设，建立信息窗口，随时发布各类交通、服务信息，让驾乘人员快速、方便地了解想要了解的各种信息，方便驾乘人员使进入服务区的驾乘人员及时掌握高速公路运行情况，便于合理安排行程，避免不必要的时间浪费；制定全省统一高速公路服务区服务标准，对服务区进行定期考核，成立服务区服务质量稽查队，明察暗访督促整改；同时，开展便民利民服务，为驾乘人员提供免费茶水、免费咨询服务，设立医疗保健室，等等；从美化环境、信息保障、优质服务这三个方面进行集中整治，全面提升服务水平，充分展示山东高速良好形象。

(7)建立满意度测评长效机制

进一步修订完善研究成果，制定《山东省公路交通服务社会满意度调查标准》，建立健全公路交通服务社会满意度测评长效机制，将满意度调查作为四化管理工作的有益补充，组织有关单位进行一年一次的公路交通满意度调查活动，及时掌握公路交通发展中存在的不足，分析提出相应的对策。服务于省厅科学决策制定，服务于广大城乡居民快捷、方便、安全、舒适出行。

第4章　高速公路企业战略分析与服务质量提升

任何企业选择战略方向，都是基于对现状的分析，高速公路企业也不例外。高速公路企业不仅需要分析高速公路企业现状，而且需要分析高速公路企业所处行业环境。

4.1　高速公路企业经营现状

当前，经济迅猛发展，生活水平提高，出行需求增加。巨大的出行需求带动了高速公路进一步发展，与此同时，人们对经营性高速公路经营状况及所提供的服务倍加关注。

截至2017年年底，全国公路总里程达到477.35万公里，是1984年末的5.2倍。其中，高速公路达到13.65万公里，里程规模居世界第一。公路基础设施的快速发展，大幅提高了公路通行能力和运输效率，加快了物流业发展，促进了我国经济社会持续健康发展。2017年，全国公路旅客周转量为9765.18亿人公里，是1984年的7.3倍；公路货物周转量为66771.52亿吨公里，是1984年的126.6倍。

4.1.1　通行费收入与支出情况

2017年度，全国收费公路车辆通行费总收入5130.2亿元。其中，高速公路4752.8亿元，一级公路124.8亿元，二级公路42.1亿元，独立桥梁及隧道210.5亿元，占比分别为92.6%、2.4%、0.8%和4.1%。全国收费公路车辆通行费总收入比上年净增581.7亿元，增长12.8%。其中，高速公路净增571.4亿元，一级公路净减18.9亿元，二级公路净减17.2亿元，独立桥梁及隧道净增46.4亿元。

1）2010—2017年度收入支出情况

2017年度，全国收费公路支出总额9156.7亿元。其中，偿还债务本金4952.8亿元，偿还债务利息2495.7亿元，养护支出533.9亿元，公路及附属设施改扩建工程支出153.7亿元，运营管理支出627.6亿元，税费支出359.9亿元，其他支出32.9亿元，占比分别为54.1%、27.3%、5.8%、1.7%、6.9%、3.9%和0.4%（图4-1）。

2017年度，全国收费公路收支平衡结果为－4026.5亿元，比2016年减少116.8亿元，下降2.8%。但收支缺口仍然巨大。2010—2017年度，收支平衡结果依次为：32.5亿元、－323.3亿元、－565.7亿元、－660.5亿元、－1571.1亿元、－3187.3亿元、－4143.3亿元和－4026.5亿元（图4-2）。

2）通行费减免情况

2017年度，全国收费公路共减免车辆通行费821.7亿元，占2017年度应收通行费总额的13.8%。其中，"绿色通道"（鲜活农产品运输车辆）减免339.8亿元，重大节假日小型客车免费通行减免291.2亿元，其他政策性减免190.7亿元，占比分别为41.3%、35.4%和23.2%（图4-3）。

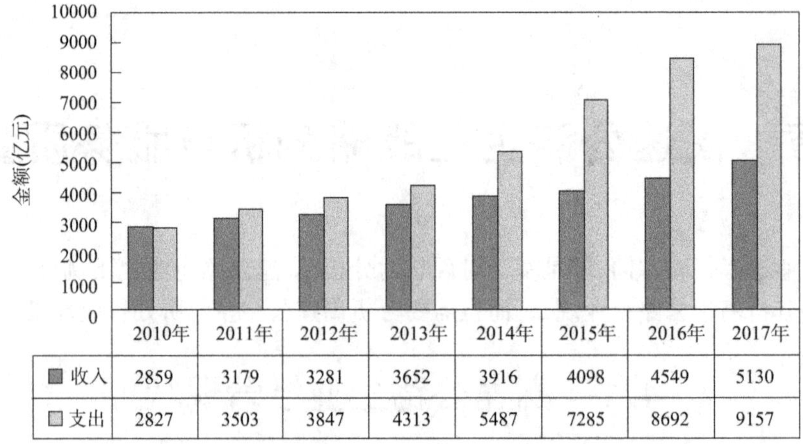

	2010年	2011年	2012年	2013年	2014年	2015年	2016年	2017年
收入	2859	3179	3281	3652	3916	4098	4549	5130
支出	2827	3503	3847	4313	5487	7285	8692	9157

图 4-1　2010—2017 年度收入与支出

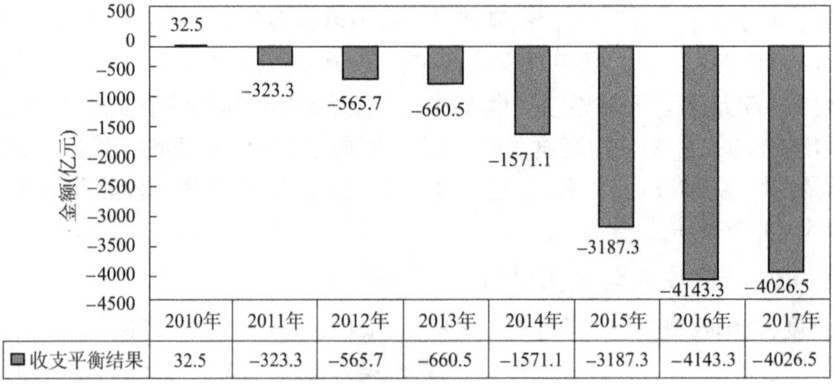

	2010年	2011年	2012年	2013年	2014年	2015年	2016年	2017年
收支平衡结果	32.5	-323.3	-565.7	-660.5	-1571.1	-3187.3	-4143.3	-4026.5

图 4-2　2010—2017 年度收支平衡结果

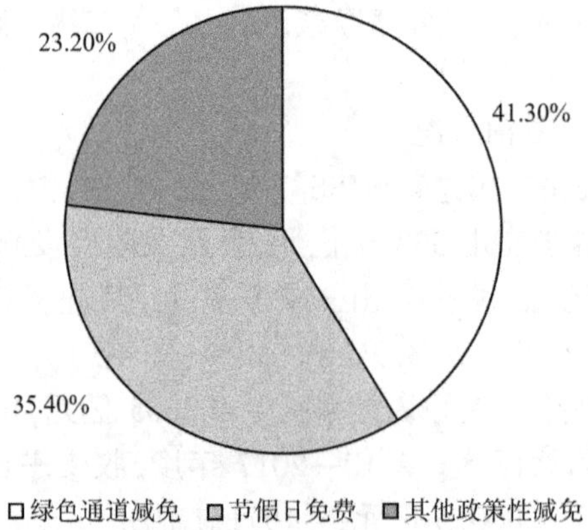

图 4-3　2017 年度通行费减免构成

由图 4-1 ~ 图 4-3 可知,我国经营性高速公路年支出远超于通行费收入,且政策性减免占经营性高速公路通行费收入的 13.8%。

2017 年,交通运输行业深入贯彻落实党中央、国务院关于推进供给侧结构性改革和降低实体经济企业成本的决策部署,进一步加大惠民措施力度,促进物流业“降本增效”。全国收费公路共减免车辆通行费 821.7 亿元,比 2016 年增加 132.5 亿元,增长 19.2%,年通行费减免额占应收通行费总额的13.8%。在继续严格执行鲜活农产品运输“绿色通道”政策、重大节假日小型客车免费通行等惠民政策的基础上,鼓励各地优化和实施货车通行费优惠政策,推进高速公路差异化收费。各项惠民措施的实施为降低鲜活农产品流通成本、降低物流业成本、实惠人民群众出行做出了重要贡献。2017年,全国收费公路新增项目中75%以上为高速公路项目。由于新增高速公路造价远高于到期及取消收费的一、二级公路,导致收费公路累计建设投资总额和举借债务本金规模进一步扩大。全国收费公路累计建设投资总额比2016年末净增6486.4亿元,增长8.6%。其中,举借银行贷款本金和其他债务本金净增4390.5亿元,增长了8.4%。受高速公路里程增加和投资总额扩大的影响,收费公路债务余额持续上升,较2016年末净增4288.8亿元。其中,高速公路净增4232.4亿元,一级公路净增272.4亿元,二级公路净减333.1亿元,独立桥梁及隧道净增117.1亿元。新增债务余额主要是新通车收费公路建设投资中举借的银行贷款和其他债务本金,以及存量收费公路为养护工程、改扩建工程、运营管理等支出举借的新债。2017年度全国收费公路通行费收支缺口为4026.5亿元,比2016年减少116.8亿元,下降2.8%,但全国收费公路通行费收支缺口仍处在高位。

4.1.2　高速公路企业发展现状

1)资产负债率

20世纪90年代,随着我国四川省率先成立了高等级公路股份有限企业,此外,其他省区市也进行了高速公路企业股份化的探索。从1993年开始,我国高速公路企业先后在上海证券交易所、深圳证券交易所及香港联合交易所上市。

由于重资产行业杠杆高,利率上行可能对融资成本有较大影响。因修路的资本开支大,资金回收期长,高速公路行业资产负债率普遍较高,行业资产负债率约为50.9%(2017年9月30日)。大幅举债使财务费用对盈利的弹性较大,行业财务费用约占税前利润的21.0%(2017年1—9月)。利率波动对高速公路企业的盈利有重要影响。2017年,10年国债收益率从年初的3.1%上升到11月中旬的3.9%左右。利率上行,在分子端使财务负担加重,在分母端使估值承压。高速公路板块类债属性强,利率上升使原有股息率吸引力下降。

2)运营成本

据统计数据可知,从2000年前后到现在,高速公路每公里的造价成本呈现出快速增长的趋势。随着我国公路建设逐步向中西部地区、山区延伸,各种费用不断提升,如人工费用、拆迁费用等。随着高速公路建设费用的上升,直接导致高速公路企业收购投资高速公路经营管理成本增加。高速公路企业在经营所辖高速公路的路段期间,还需对其进行不断地修护和保养。此外,除养护成本外,高速公路企业还需支付设备购买维护费用以及人员工资等。管理成本是高速公路企业现阶段发展需要考虑的一个方面。

现对19家高速公路上市企业2010—2015年营业成本比例和管理费用比例进行比较分析,见表4-1、表4-2。

19家高速公路上市企业2010—2015年营业成本比例(%)　　表4-1

企业名称	2010年	2011年	2012年	2013年	2014年	2015年
皖通高速	74.51	74.60	74.90	79.85	71.68	78.56
中原高速	48.80	51.57	55.99	50.95	48.70	53.32

续上表

企业名称	2010 年	2011 年	2012 年	2013 年	2014 年	2015 年
福建高速	63.77	55.65	49.99	53.86	59.37	63.89
楚天高速	80.27	68.37	55.96	59.11	52.95	56.46
重庆路桥	14.53	13.47	13.77	13.75	13.92	15.18
赣粤高速	79.63	75.99	73.08	64.49	71.11	78.38
山东高速	79.08	77.79	71.41	69.10	65.53	72.08
五洲交通	52.75	75.54	88.71	88.13	71.67	46.88
宁沪高速	80.65	83.95	84.77	84.45	84.33	77.47
深高速	74.00	65.86	68.77	71.77	72.58	57.11
四川成渝	81.60	83.38	81.92	86.50	87.49	88.51
龙江交通	51.36	67.41	63.40	64.89	64.84	65.81
吉林高速	77.65	76.39	55.53	62.81	63.57	57.22
粤高速 A	61.99	60.02	54.87	58.25	58.07	60.66
湖南投资	56.58	41.56	37.11	39.83	40.56	43.64
东莞控股	116.17	93.39	65.97	67.26	66.59	71.38
海南高速	63.53	47.02	48.45	46.02	59.33	27.64
现代投资	75.00	74.80	69.67	64.24	78.70	85.56
华北高速	87.55	85.64	84.14	85.44	85.08	68.17
全部	72.87	72.85	72.90	72.97	64.00	61.47
最高	东莞控股	东莞控股	五洲交通	五洲交通	四川成渝	四川成渝
最低	重庆路桥	重庆路桥	重庆路桥	重庆路桥	重庆路桥	重庆路桥

19 家高速公路上市企业管理费用比例(%) 表 4-2

企业名称	2010 年	2011 年	2012 年	2013 年	2014 年	2015 年
皖通高速	5.65	6.72	7.12	7.86	7.02	7.20
中原高速	6.62	6.01	4.12	6.69	2.82	2.39
福建高速	7.03	4.58	4.68	4.76	4.55	4.27
楚天高速	5.99	5.84	5.08	6.53	7.56	7.59
重庆路桥	5.66	6.08	5.71	5.72	5.06	8.95
赣粤高速	7.22	7.92	9.01	7.18	6.45	4.55
山东高速	8.60	9.23	11.84	12.75	10.99	12.10
五洲交通	15.39	5.69	2.30	1.71	5.25	8.67
宁沪高速	4.46	4.24	3.71	4.03	3.78	3.74
深高速	3.50	4.89	3.64	4.12	3.75	4.66
四川成渝	8.06	6.17	5.60	3.02	2.65	2.41
龙江交通	36.60	30.98	29.45	26.95	23.87	22.58

续上表

企业名称	2010 年	2011 年	2012 年	2013 年	2014 年	2015 年
吉林高速	18.55	23.13	30.23	26.71	32.17	25.89
粤高速 A	14.42	14.18	15.96	11.54	11.49	11.60
湖南投资	24.98	38.51	35.47	33.64	35.56	38.79
东莞控股	12.14	11.92	9.85	10.35	11.95	10.87
海南高速	16.73	23.82	30.55	22.61	27.00	22.11
现代投资	13.10	13.16	16.38	19.42	5.66	4.08
华北高速	11.00	17.45	18.42	20.63	14.69	8.63
全部	7.42	7.43	7.41	7.41	11.70	11.11
最高	湖南投资	湖南投资	海南高速	湖南投资	湖南投资	湖南投资
最低	深高速	宁沪高速	五洲交通	五洲交通	四川成渝	中原高速

3)高速公路企业经营期限

随着第一条高速公路免费通行,高速公路企业面临着收费期限到期,所经营路段处于收费期的中后期,面临可持续发展等重大问题。部分高速公路经营期限见表 4-3。2013 年 6 月 30 日,粤高速旗下九江大桥和其他 21 条建成通车经营性公路停止收费。2014 年 3 月 31 日,深高速所辖梅观高速公路梅林至观澜段约 13.8km 路段免费通行。山东高速经营的济南黄河大桥收费期限截至 2017 年 11 月 17 日,深高速所经营的武黄高速公路收费期限截至 2022 年 9 月,水官高速公路收费期限截至 2025 年 12 月。沈海高速公路嘉浏段和嘉金段收费期限截至 2022 年。

高速公路经营期限　　表 4-3

企业名称	路段名	经营到期年份(年)	里程数(km)
浙江沪杭甬	沪杭高速公路	2028	102.6
	杭甬高速公路	2027	145
现代投资	长潭高速公路	2028	51.55
福建高速	罗宁高速公路	2028	33
深高速	梅观高速公路	2027	5.4
	盐坝高速公路 A 段	2026	29.1
	水官高速公路	2025	20
	盐排高速公路	2027	15.6
	阳茂高速公路	2027	79.8
	武黄高速公路	2022	70.3
宁沪高速	沪宁高速公路江苏段	2032	248.21
	广靖高速公路	2029	17.22
	锡澄高速公路	2029	33.95
	宁连高速公路南京段	2029	29.8

续上表

企业名称	路段名	经营到期年份	里程数(km)
山东高速	济南黄河大桥	2017	6.7
	济青高速公路	2029	318.3
	德齐高速公路北段	2022	52.2
	济南黄河二桥	2025	5.8
赣粤高速	昌九高速公路	2027	138.2
	昌樟高速公路	2027	70.42
	温厚高速公路	2028	35.5
楚天高速	沪渝高速公路汉宜段	2030	278.87

数据来源:中国公路网。

在经营收费权受到时间限制的情况下,高速公路企业在未来一段时间如何进一步实现更快更好地发展,成为高速公路企业当前面临的亟待解决的重大问题。

综上所述,大部分高速公路企业的主营业务单一,通行成本占比高,而其收费经营期却是有限的,高速公路企业在经营期内需要寻找新的利润增长点,高速公路企业进一步发展需选择适宜的发展战略方向。

4.2 高速公路企业波特五力分析

高速公路行业中的竞争是否激烈,与其行业中的5种基本竞争力量密不可分,且这5种力量的作用是各不相同的。对于高速公路企业来说,正确分析这5种力量,合理应用这5种力量,才能客观地分析本企业所处的行业环境。

1)高速公路供应商

依据我国相关法律法规的规定,高速公路企业只有获得特许经营权才可经营管理高速公路。因而,无论是高速公路的建设还是后期的管理,政府在整个过程中是处于主导地位的。因此,政府是高速公路企业的供应商,在各种竞争力量中占有绝对优势地位。

虽然高速公路企业拥有充足的资金,由于政府规划建设高速公路路网、审批收费经营期限及制定收费标准等。因此,政府作为供应商处于主导地位,高速公路企业则处于弱势。

2)高速公路潜在进入者

对于高速公路行业来说,对进入壁垒的分析是分析判断潜在进入者是否构成威胁的关键。对于企业来说,由于高速公路收益高,高速公路是一个很好的投资领域,非高速公路企业是未来可能进入高速公路行业的潜在竞争者。由于高速公路所需投入的资金大,建成无法移动,资金回收期长,受制于高速公路的管理体制;取得政府的理解、支持和信任,对获取高速公路经营权有着至关重要的影响。因此,对于不是高速公路行业内的企业来说,一个非常重要的进入壁垒就是政府许可。

综上所述,高速公路行业的进入壁垒非常高,对于已有的高速公路企业来说,潜在进入者对其造成的威胁不大。

3)现有高速公路企业间的竞争

由于高速公路企业进入门槛高,高进入壁垒增加了高速公路企业的利润,加之高速公路企业处于的垄断性地位,现有高速公路企业间的竞争并不剧烈。高速公路企业成立需要审批,不同的高速公路企业在获取路产经营管理权之间的竞争优势不同,高速公路企业间的竞争集中于获取高速公路经营权,积极拓展省内外的资源来获得高速公路的经营权,而非面对客户。

4)高速公路替代服务

随着路网不断地扩充,我国交通体系日趋完善,高速公路拥有效益高、安全等服务优势。对高速公路能够起到替代作用的服务主要有同方向的免费公路、铁路、水运及航空等。航空虽然速度快,但是成本高;水运受所处地理位置的影响,不予考虑。因此,同方向的免费公路和铁路对高速公路分流起到了很大的作用,共同成为高速公路当前最大的威胁。

高速公路企业获取了经营权,为了保障其经营等方面的权益,与政府签订了相关协议,并规定在其沿线一定距离内不能修建免费公路,因此,就免费公路而言,其对现有高速公路的替代作用是非常有限的。高速公路与铁路相比,其速度快,可实现点对点的服务,具有一定优势。但随着近几年高速铁路的快速发展,会对高速公路交通流造成一定的冲击。

随着各种运输方式的发展与完善,其他几种运输方式对高速公路的通行量会造成一定程度的影响。因此,高速公路企业需要提高通行便利性,行车的安全性,以保证路面畅通无阻。

5)高速公路服务购买者

高速公路服务的购买者即使用高速公路的人。高速公路的收费标准和收费期限是由政府确定的,各省区市的收费标准及其调整范围,由本省区市的财政部门和物价部门共同制定和批准。因此,高速公路通行收费不是由市场调节,不是购买服务者与高速公路企业相互讨价还价的结果。作为高速公路服务的购买者,其处于弱势地位,不能够通过自己的消费行为改变来调整收费标准。

综上所述,通过分析我国高速公路企业竞争情况,得出高速公路企业五力模型如图 4-4 所示。

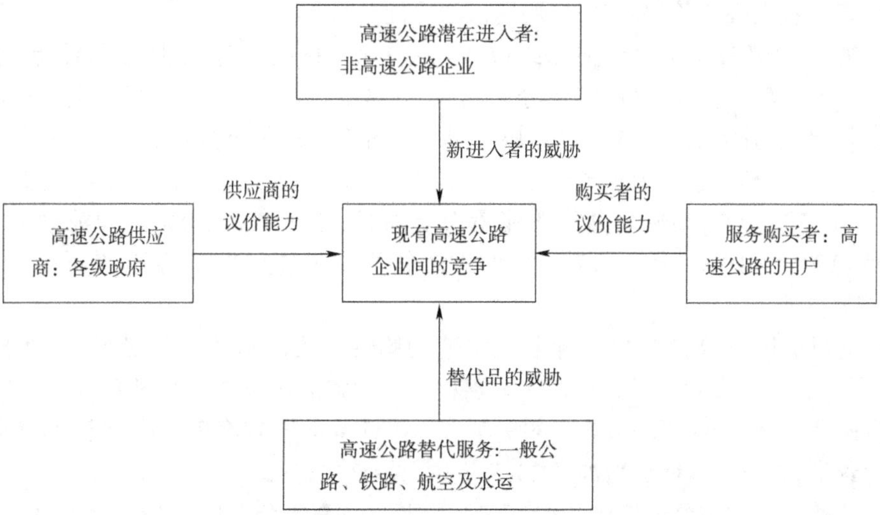

图 4-4　高速公路企业波特五力模型

4.3 高速公路企业发展 SWOT 分析

在进行行业环境分析、内部价值链分解及自身经营优势客观评价的基础上,使用 SWOT 法分析高速公路企业,进而选择高速公路企业发展的战略方向。

4.3.1 高速公路企业优势(S)分析

随着经济高速发展,结合当前形势可知高速公路企业面临着重大机遇和威胁,正确分析高速公路企业的优劣势是非常必要的。高速公路企业的机遇主要来自政策的支持以及其他行业的发展,对其起到带动和促进作用。

1)工程技术支撑

高速公路行业的技术水平随着高速公路的发展得以快速提高,有力地支撑了行业健康可持续发展。高速公路建设、养护方面新材料、新技术的推广应用,使得一系列国家重点建设工程(如秦岭终南山公路隧道、苏通大桥、杭州湾大桥等)建成通车,体现了我国土木工程建设,尤其在高速公路建设层面,已经解决了地质条件、地理环境等方面的限制。与此同时,新材料和新技术的不断推广,提高了工程的质量,降低了建设的成本,大大缩短了建设周期,从而延长了收费公路的使用寿命,提高了公路建设和养护效率,有效地促进了行业的健康可持续发展。

2)高速公路互联网技术平台应用

公路交通管理技术方面,在决策、规划、设计、运输组织、监控以及公众信息发布等环节中增设了许多服务平台和载体,如交通政务服务平台、交通监控中心、交通电子政务畅通工程以及公众出行交通信息服务平台等,这些载体和平台通过集成计算机技术、管理技术以及信息技术,有效地提升了管理效能,推进公路交通的信息化进程,尤其是高速公路自动收费系统、自动发卡系统的应用与推广,在降低运营成本、加快车辆通行速度、提高工作效率的同时,极大地降低了收费工人的使用量,促进了行业的快速发展。

3)货车流量大幅增长,客车流量增速依然稳健

据交通运输部最新公布数据,2017 年 1—7 月,我国高速公路总车流量同比增长 14.4%。其中,客车、货车流量同比分别增长 13.4%、17.8%。分地区来看,东部:客车、货车流量同比分别增长 13.5%、16.8%;中部:客车、货车流量同比分别增长 14.0%、25.1%;西部:客车、货车流量同比分别增长 12.7%、14.0%。自 2016 年 9 月 21 日治超治限政策实施以来,高速公路货车流量大幅增长,在 15% ~20% 区间波动,客车流量增速依然稳健,在 10% ~15% 范围内波动。全国高速公路货车流量、客车流量增速如图 4-5、图 4-6 所示。

货车流量的增长增加了 2017 年收入增速的弹性。我国高速公路客车: 货车比例约为 77: 23。其中,云南、贵州、四川、广东等旅游和人口大省的客车占比超过 80%,山西、宁夏等资源型省份及河北、天津等海港省市的货车占比接近 40%。在客车增速稳定、货车增速同比提高的背景下,货车流量增长增加了 2017 年收入增速的弹性。

高速公路企业的主要优势体现在其核心服务——高速公路的优势上,除了高速公路自身优势外,还包括其拥有的特许经营权。

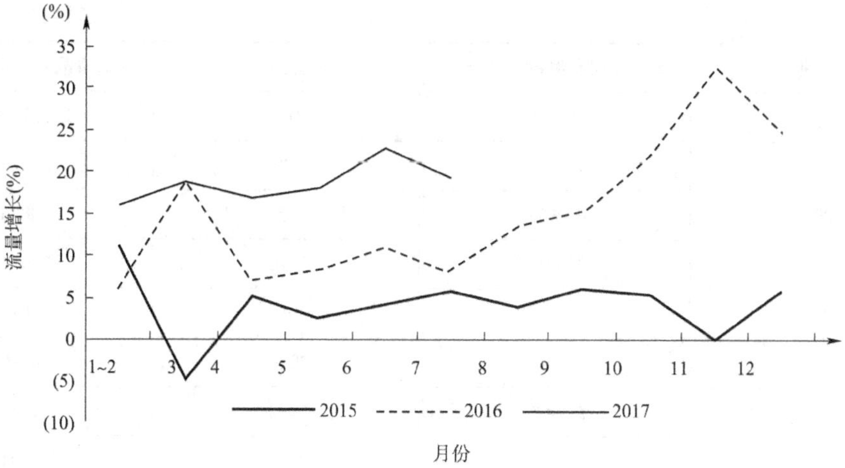

图4-5　全国高速公路货车流量增速

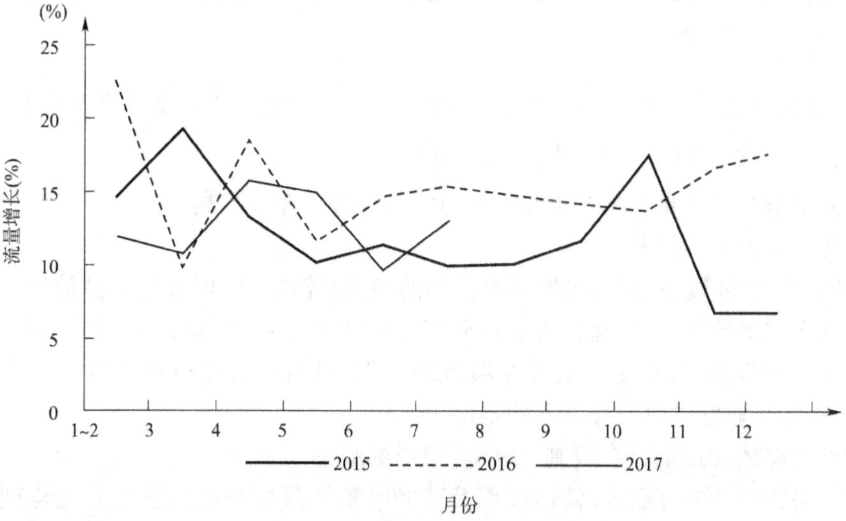

图4-6　全国高速公路客车流量增速

数据来源:中国产业信息网。

4)安全性可靠

由于高速公路采用了严格的防护设施,加之有效地管理,近年来,高速公路交通事故率稳步下降,高速公路上发生的交通事故率是一般公路的1/4,安全可靠性强。1990—2014年交通事故发生数见表4-4。

1990—2014年交通事故发生数总计表　　表4-4

年份(年)	交通事故发生数总计(起)	年份(年)	交通事故发生数总计(起)
1990	250244	1994	253537
1991	264596	1995	271843
1992	228326	1996	287695
1993	240623	1997	304217

续上表

年份(年)	交通事故发生数总计(起)	年份(年)	交通事故发生数总计(起)
1998	346129	2007	327209
1999	412860	2008	265204
2000	616971	2009	238351
2001	754919	2010	219521
2002	773137	2011	210812
2003	667507	2012	204196
2004	517889	2013	198394
2005	450254	2014	196812
2006	378781		

数据来源：前瞻产业研究院。

5)特许经营

高速公路企业拥有的特许经营权是一种无形资产，也是一般公路经营者所不拥有的。

4.3.2 高速公路企业劣势(W)分析

高速公路企业的主要劣势在于政策不稳定和经营管理成本高。

1)收费政策的不可控制

在市场经济大环境下，高速公路具有商品的相关经济属性，但其公益性的社会属性仍然存在。在政府的主导下，国家和各省区市陆续出台了绿色通道，重大节假日小车免费，收费公路重新核定收费标准、收费年限等专项清理工作，对高速公路行业造成了较大冲击。因此，高速公路的行业发展政策具有不确定性。

2)收费公路的收费期存在限制，持续经营受到威胁

收费公路管理条例规定，经营性收费公路的收费期限按照收回投资并有合理回报的原则确定，最长不得超过25年。国家确定的中西部省区市的经营性公路收费期限，最长不得超过30年。高速公路公司拥有的高速公路特许经营权是有时间限制的，这决定了公司如果仅依靠有限经营期的高速公路单一主业将无法满足企业的持续经营。

3)高速公路投资的经济效益逐步走低

近年，由于国内经济发达城市和东部沿海城市路网已渐趋完善和密集，未来几年新增高速公路里程主要为国内经济发达城市和各省区市大中城市高速公路加密线、连接线，分流部分已运营高速公路，企业的投资回报水平将下降；同时，新增的高速公路主要集中于我国的中西部地区，由于地理环境复杂，技术难度大，造价高，车流量相对较少，经济效益普遍明显偏低。因此，未来一段时间，我国高速公路投资效益整体将呈现逐步下降的趋势。

4)经济发达地区高速公路面临政府回购压力

以深圳市政府回购梅观高速公路为例，为适应特区一体化发展需求，深圳市政府于2014年1月27日收购了深高速公司的梅观高速公路(梅林—观澜段)，该路段成为全国首条运营期内因政府回购而取消收费的高速公路。随着城市化进程的加快，地方政府回购高速公路

的力度将持续增加，高速公路公司现有优质资产面临萎缩的局面，这对公司的持续经营造成很大的压力。

5）区域保护限制了全国性高速公路公司的扩张

高速公路特有的省域或地域管理体制决定了非本区域内的高速公路公司较难获得项目效益较好的高速公路投资、建设和经营机会。

6）高速公路位置不可移动

高速公路不可移动性，决定了它不具有普通物品的灵活性，无法选择规避所在区域的自然气候环境，并且高速公路企业需要养护所管理的路段，以确保其路面及通行设施能够正常使用。

高速公路企业管理的路段和提供的大量的服务设施，受外界环境影响较大。而近年来物价上涨，原材料价格及人工成本大幅上涨，使得高速公路企业的高速公路养护成本逐年攀升，高速公路企业每年在维修和保养高速公路设施等方面，都须投入大量的资金。

4.3.3　高速公路企业机会（O）分析

1）政策环境

2008 年由于美国次贷危机引发了波及全球的金融危机，我国政府为应对危机，投入 4 万亿元到基础设施建设领域去，促进了高速公路的发展。此外，2005 年，为支持高速公路经营企业的进一步发展，将其税率降低到 3%。早在 2001 年，交通部就逐步推进交通行业信息化建设。"十一五"期间，交通运输业全面进行信息化建设，并取得较好的成效。

据《国家公路网规划（2013—2030 年）》可知：国家高速公路规划里程约为 11.8 万公里，目前已建成约占 60%，在建占 19%，待建约占 21%。截至 2011 年底，国家高速公路里程达 6.4 万公里。

2014 年交通运输部发布关于全国高速公路电子不停车收费（ETC）联网工作的通知，对 ETC 实施目标、步骤及保障措施进行了规定。使用 ETC 不仅可提高通行能力、节约通行时间，与传统人工收费模式相比，ETC 可节约近 87% 的收费站扩建费用，降低约 20% 的人工与服务成本。2014 年 12 月 26 日，共有 14 省区市高速公路 ETC 系统实现联网。ETC 方便高速公路使用者出行的同时，为高速公路企业的发展提供了政策保障。

2017 年 ETC 已实现全国联网。在国家发改委、交通运输部及各地方政府政策的力推之下，全国高速公路 ETC 用户呈现"井喷式"增长。截至 2017 年年底，交通运输政务信息系统整合共享基本完成，高速公路 ETC 全国联网，用户突破 5900 万人。

在智慧交通的大背景下，"互联网 + ETC"产业正崭露头角，未来有巨大的发展空间。按照《"十三五"现代综合交通运输体系发展规划》，2020 年公路客车 ETC 使用率将达到 50%；此外，根据国家信息中心信息资源开发部预计，2020 年我国汽车保有量将达到 2.5 亿辆。可以预计，到 2020 年我国 ETC 用户数有望达到 1.25 亿。

2）城镇化率

2010—2017 年，我国城镇化率从 49.95% 提升到 58.52%（图 4-7）。据估计，到 2020 年，城镇化率将达到 60% 左右，这远远达不到发达国家 80% 的平均水平。因此，我们还有较大的发展空间。由于城镇居民出行次数和消费能力远高于农村居民，随着我国城镇化进程的不断加快，城镇消费群体不断扩大，会促进高速公路交通量持续增长。

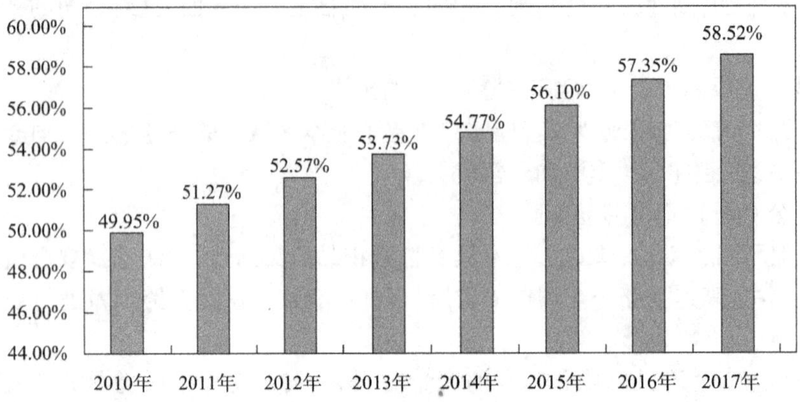

图 4-7　城镇化率

3)汽车保有量

从 20 世纪 70 年代末开始,我国汽车保有量就以不低于 12% 的速度在增长。2006—2010 年"十一五"期间,全国汽车保有量保持快速地增长,几乎翻了一番。我国社会经济发展基本实现现代化,经济持续发展。截至 2014 年,国内生产总值达 63.65 万亿元,人均生产总值达 4.65 万元。据已有的研究显示,当一个国家的人均生产总值多于 3000 美元以后,汽车保有量会有爆发式增长。截至 2013 年年底,我国汽车保有量已经超过日本,世界排名第二;2016 年年底,全国汽车保有量为 1.94 亿辆;2018 年年底全国汽车保有量达 2.4 亿辆;2015—2017 年增速尤其快(图 4-8)。今后一段时期内,我国汽车业仍有强劲发展势头。据研究显示,当直接影响区域的汽车保有量每增长 1 倍,可促使区域内路网车辆增加 60%。因此,未来一定时期内,我国汽车保有量的快速增长将为交通量的提升奠定基础。

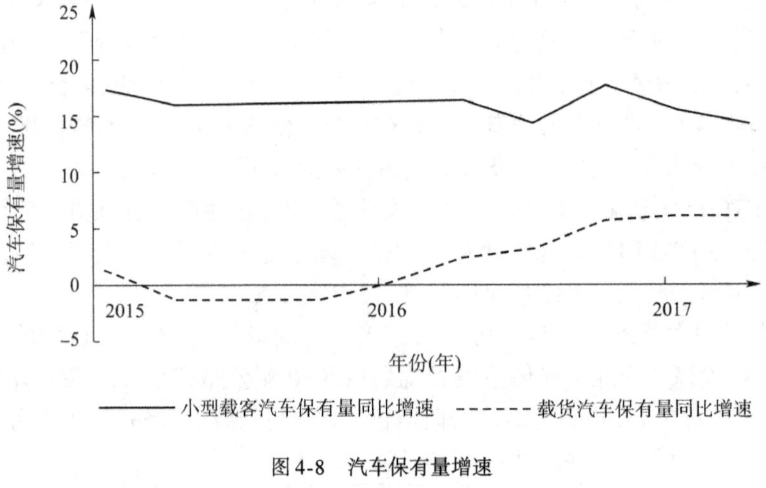

图 4-8　汽车保有量增速

数据来源:中国产业信息网。

目前,我国正处于汽车进入家庭的快速增长时期,居民生活水平不断提高,汽车价格逐步降低,私人购买汽车数量持续增加。私人汽车保有量从 1998 年的 423.65 万辆增加到 2018 年的私人汽车保有量 20730 万辆,私人汽车的普及让人们出行更加方便,旅行时更加偏重选择自驾游。

4)旅客出行需求持续释放

随着居民消费不断升级和私家车数量持续增长,高速公路出行量增加。2017 年,高速公路旅客出行量达 221.8 亿人次、高速公路旅客周转量达 15913 亿人公里,规模均已超过全国公路营业性客运量 145.7 亿人次和旅客周转量 9765.2 亿人公里,同比分别增长 14.7% 和 12.9%,明显高于同期铁路(9.6%、7.0%)、公路(-5.6%、4.5%)、民航(13.0%、13.5%)旅客运输量增速。全年全国人均高速公路出行 16 次,人均高速公路出行里程为 1129 公里,比 2016 年分别增加 2 次和 156 公里。东部客运密度明显高于中西部。受经济、人口、高速公路分布密度等因素的影响,区域间客运密度差异明显。东部、中部、西部地区高速公路客运密度分别为 2008 万人公里/公里、971 万人公里/公里、936 万人公里/公里。上海、北京、广东、江苏等经济发达和人口密集地区高速公路客运密度最高;湖北、山西、云南等中西部省份高速公路客运密度增长最快。2017 年,高速公路客车流量 75.9 亿辆,同比增长 15.2%,其中,7 座及以下小客车流量 72.4 亿辆,增长 15.6%;7 座及以下小客车流量占比达 95.3%,较 2016 年提高 0.8%;8 座及以上客车流量 3.5 亿辆,由 2016 年的下降 0.6% 转变为增长 8.3%。

5)高速公路长途出行增多

受旅游增多等因素带动,2017 年,高速公路省内出行、邻省出行、跨省出行流量分别为 65.0 亿辆、9.8 亿辆、1.1 亿辆,占比分别为 85.7%、12.9%、1.4%,占比较 2016 年分别降低 0.3%、提高 0.2%、0.1%。节假日高速公路出行较平日激增。自 2012 年实施 7 座及以下小客车重大节假日免收通行费政策以来,节假日高速公路出行持续高位运行。2017 年春节、清明、"五一""十一"节假日期间(免费),高速公路客车流量是平时的 1.76 倍;元旦、端午节假日期间(非免费),高速公路日均客车流量是平时的 1.13 倍。其中,"十一"期间达到高峰,高速公路日均客车流量是平时的 1.81 倍。

4.3.4　高速公路企业威胁(T)分析

随着我国铁路中长期"八横八纵"线路的规划和建设以及国家对高速铁路战略的政策支持,我国高铁营业里程不断增长,2008—2017 年高铁营业里程增长情况如图 4-9 所示。中国已成为世界上高铁里程最长、运输密度最高、成网运营场景最复杂的国家。中国高铁动车组已累计运输旅客突破 90 亿人次,成为中国铁路旅客运输的主渠道,中国高铁的安全可靠性和运输效率世界领先。随着国家高铁网的建成,高速铁路将以其高速、安全、舒适的优势给高速公路造成持续而显著的冲击;普通国道等免费公路也将对高速公路企业形成一定的竞争压力。

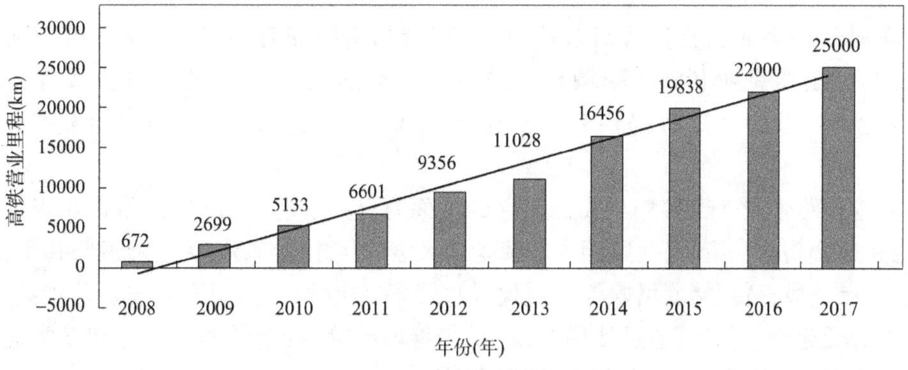

图 4-9　2008—2017 年高铁营业里程增长情况

《国家公路网规划(2013—2030年)》中,普通国道的规模由10.6万公里增加到26.5万公里。因其是免费公路系统,普通国道网扩大并完善其覆盖面后,必将对高速公路形成一定的冲击。

综上所述,对高速公路企业进行SWOT分析,归纳总结见表4-5。

高速公路企业SWOT分析表 表4-5

SWOT分析矩阵	机会(O) 政策 城镇化 汽车保有量	威胁(T) 高铁 免费公路
优势(S) 高速公路速度快 高速公路通行能力强, 运输效率高,安全性高	SO战略 扩大主营业务 收购优质路产经营权	ST战略 利用主营业务优势,适 度开展非相关领域投资 多元化经营
劣势(W) 易受政策影响 高速公路位置不可移动	WO战略 参股经营相关领域投资 信息化技术降低成本	WT战略 收费营销活动 降低管理养护成本

采用SWOT分析法分析判断高速公路企业所处环境,还要结合高速公路企业内部因素,选择适合高速公路企业发展的方向,在优势与机遇并存的条件下,分析当下的行业环境,可知高速公路在未来的一段时间还将保持一定的发展速度。高速公路企业应抓住机遇,以扩大主营业务为主,积极收购优质路产经营权,利用国家的政策和企业自身的优势,将主业做大做强。

当高速公路企业面临的挑战大于机遇时,由于收费政策及收费公路权益转让的不确定性,收费期限的限制,高速公路企业不能够永续经营。高速公路企业应趁早对自己的转型发展做出规划。高速公路企业可在稳定主营业务的基础上,利用主营业务的优势,通过充分论证,积极投资发展前景良好、利润较高的新兴行业,降低业务结构相对集中的风险,规避政策风险,构建更为合理的业务格局;采取多元化经营战略,寻找新的利润增长点,培育新型支柱产业,由核心业务比较单一的高速公路企业向多元化经营企业转变,实现企业的可持续发展。

当高速公路企业面临劣势与机遇时,应积极利用所拥有的机会,进行相关领域的投资,保证高速公路企业利润不断增长。采用新技术,争取以较少的成本从事道路养护管理工作,为高速公路使用者提供安全舒适的行车环境,进而扭转高速公路企业当前的局面。

当高速公路企业处于劣势与威胁并存的局面时,应认真分析高速公路企业当前所处形势,结合高速公路的修缮、高速路网内车流走向及客户需求等情况,从完善道路指引标牌、客户调查、重点路段宣传、堵漏增收等方面找寻收费营销突破口,全面开展收费营销活动,增加高速公路的交通流。同时,通过使用新技术,完善内部管理,降低养护管理和日常运营管理的各项费用支出,使高速公路企业尽快脱离困境。

4.4　高速公路企业发展战略方向选择与服务质量提升策略

4.4.1　战略发展模式

目前,国内外高速公路企业战略发展模式主要有主业组合发展、相关多元化发展、非相关多元化发展和混合多元化发展四种。

1)主业组合发展

由于高速公路经营管理的专业性较强、业务单一,造成了主业以外的其他产业投资与经营管理经验不足、人才匮乏等局面。主业组合发展是指利用不同高速公路项目在经营期和项目规模等方面的差异进行有效组合,以解决高速公路企业主业持续经营的问题。目前,部分高速公路企业,如北京华北高速、山东高速股份、广东粤高速等选择主业组合发展的方式可解决该类问题。

2)相关多元化发展

相关多元化发展是指以企业现有的核心竞争力为依托和支撑,根据经营管理的主营业务分布情况,拓展与主营业务具有产业关联度或地域关联度的产业,从而实现企业的持续发展[28]。与高速公路主业相关的上下游产业有高速公路设计、高速公路施工与养护、高速公路物流园区建设与经营、高速公路客货运输、高速公路广告、高速公路服务区经营甚至可将相关产业延伸至城市交通等。由于多数高速公路企业具有较好的项目资源优势和经营管理经验,因此其选择了相关多元化发展的战略模式,如山东高速集团、河南中原高速等均投资了与高速公路主业相关的设计院、施工企业以及广告企业等。

3)非相关多元化发展

非相关多元化发展,是多元化发展战略的一种,是指企业新发展的业务与原有业务之间没有明显的战略适应性,所涉及领域为新领域,所生产的为新产品,所提供的是新服务。企业采用该战略的主要目的是从财务上考虑平衡现金流或者获取新的利润增长点。例如,行业内的海南高速、东莞控股等高速公路企业,其所处地域高速公路项目基本枯竭、企业现金流又相对充裕,因此投资经营了旅游、酒店或者金融产业。

4)混合多元化发展

混合多元化发展是指相关多元化与非相关多元化的组合,未来发展的业务既有与现有主业关联度较高的上下游产业,又有投资经营与现有主业不具有战略适应性的产业,如行业内的湖南现代投资、江苏宁沪高速等企业,不仅继续投资经营高速公路,还投资经营房地产、酒店等与主业关联度不大的其他产业。

任何一种发展模式均存在优劣势和适用条件。主业组合发展模式和相关多元化发展模式适用于高速公路优质项目资源丰富且成规模、地域同业竞争不激烈的集团型企业;非相关多元化发展模式则适用于所处地域高速公路项目资源基本枯竭、企业转型形势非常迫切、其他产业具备一定投资条件的企业;混合多元化发展模式的适用条件则处于上述模式之间。不同的企业应该根据自身的条件、经营环境、核心竞争力等因素选择适合自己的发展模式。

4.4.2 战略选择

1)战略确定原则

高速公路企业在确定发展战略时应秉持以下原则:

(1)优势互补原则。围绕基础业务进行上下游延伸,使新产业能够与现有及未来的基础业务、资源或客户优势相结合以发挥相辅相成作用,从而带动整体的产业延伸扩张和进一步升级。

(2)核心竞争优势原则。融合企业的财务融资、商业模式设计和建设管理等核心能力,形成整体的核心竞争优势,选择进入的新产业领域应利于发挥核心竞争能力。

(3)协同发展原则。企业的产业结构调整、基础业务和新进入的其他产业要实现同步协调发展,在各个子产业之间建立相互良性促进机制,并使得各项业务共同形成 1 +1 >2 的战略协同效果。

2)战略方向

(1)核心能力融合,混合多元化发展

根据高速公路企业的市场定位、发展模式选择,借鉴核心能力与高速公路企业有诸多相似之处的世界500强企业的发展模式,在新一期战略研究制定中,应重点将财务融资、商业模式设计和建设管理等核心能力融合,整合资源,形成新的发展动力,为基础设施建设市场提供质量更高、成本更合理的产品和服务,将企业战略发展模式由主业组合发展模式转变为混合多元化发展模式,盈利模式由以往的高投入外延式发展逐步转变为低投入高产出的内涵式发展,由单纯的基础设施资产投资运营逐步向提供专业服务转型。融合企业的财务融资、商业模式设计及建设资源集成和管理等核心能力,加大资源整合、并购以及建立战略合作的力度,快速获取相关专业的规划设计咨询资源,形成互补、协同的模块式经营模式,为基础设施建设市场提供贯穿项目全寿命周期的专业服务。同时,可适当调整业务结构,运用已形成的管理能力和管理优势,依靠知识、人才和创新获得更好的收益,实现高速公路企业未来的持续发展。

(2)开放协同,智慧交通引领交通服务质量提升

坚持面向发展、开放协同,重点突破、全面提升以信息化、智能化为牵引,推动现代信息技术与交通运输管理和服务全面融合,实现交通运输设施装备、运输组织的智能化和运营效率、服务质量的全面提升。

信息技术在交通运行监测、运营管理、运输服务和安全应急等领域的深度应用,以信息化、智能化引领行业转变发展方式,全面提升交通运输系统供给能力、运行效率、安全性能和服务水平,这将成为加快实现交通运输现代化服务的战略方向。交通运输行业包含多个不同业务单位,业务种类复杂,现有业务系统建设以满足单一业务部门需求为主,业务覆盖单一,系统间相互割裂,形成信息"孤岛"和"烟囱",再加上不同部门信息化差距仍然很大,部分公共交通信息化资源的配置和使用缺乏有效的监管,从而影响了信息化带动交通运输现代化发展的步伐。

交通云计算以开放、高效、敏捷的交通云为核心,在将信息共享、业务协同、云计算、运维管理平台、云安全、大数据等技术融合到交通云平台中,以资源聚合和虚拟化、应用服务和专业化、按需供给和灵活使用的服务模式,提供高效能、低成本、低功耗的计算与数据服务,提升交通各部门与行业的效率及对突发事件预警、响应、处置和善后处理的能力。统一规划和建设交通主管部门云数据中心,交通相关部门统一接入到云平台上,将业务系统统一规划部

署，计算资源池、服务器虚拟化技术解决传统业务“烟囱”式建设的问题，从安全、监管、智能收费、危机管理、路政服务角度全面提升高速公路服务质量。具体服务能力如下：

①解决信息“孤岛”，实现信息共享，提高信息安全水平，提升监管能力、工作效率和公共服务水平，为社会公众提供专业信息服务。

②为上级监督部门和交通运输部提供必要的数据通道，方便实现对业务部门以及业务对象的监管，逐步实现高效的业务监管。

③为高速公路核心收费、监控等业务提供存储、容灾支持，实现业务应用系统的可靠性，保障收费与监控业务不间断，收费数据不丢失。

④采用虚拟化技术，结合创新建设模式，搭建标准统一、功能完善、系统稳定、安全可靠、纵横互通、集中统一的数据中心平台，为各部门信息资源共享、数据交换和协同办公提供良好支撑。

4.4.3　高速公路交通服务质量提升的智慧化策略与任务

智慧是思想，交通是设施、装备、管理、服务，智慧交通则是公众视角和宏观概念，反映社会对未来交通的知识化、信息化和安全、便捷、高效的一种愿望，着眼于交通发展整体的总效果。信息化、智能化是智慧交通的重要特征和内容。

智慧交通强调利用信息化、智能化技术手段来控制管理交通运输，支撑服务交通运输。

1)我国交通智能化取得的主要成就

(1)全面提升路网智能化管理与服务水平

全面建成了国家公路网交通情况调查系统，在全国22个省(区、市)开展了公路、水路安全畅通与应急处置系统工程建设，基本实现了国家公路网40%的重点路段、特大桥梁、特长隧道运行状态和运行环境的动态监测。

(2)ETC联网

ETC即电子不停车收费系统，是利用车辆自动识别技术完成车辆与收费站之间的无线数据通信，进行车辆自动识别和有关收费数据的交换，通过计算机网络进行收费数据的处理，实现不停车自动收费的全电子收费系统。

ETC是智能交通建设的重要内容，竞争优势明显：一是提高通行能力3～5倍以上，缓解交通压力；二是降低管理成本，提高车辆运营效益；国家大力推动ETC的发展，从2010年起陆续出台相关政策法规；2014年正式启动全国高速公路ETC联网工作。2012—2017年全国ETC用户数量增长情况如图4-10所示。

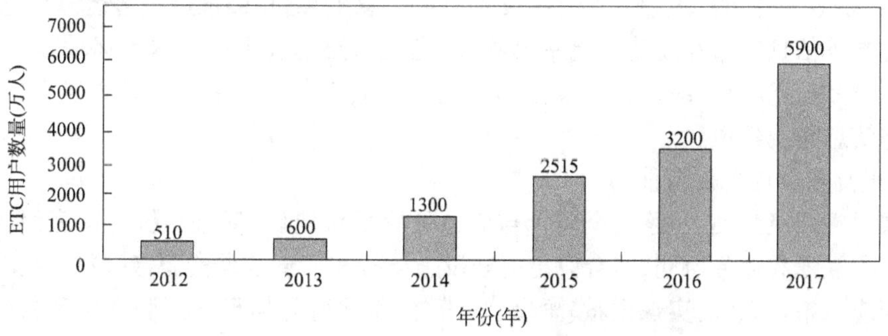

图4-10　2012—2017全国ETC用户数量增长情况

(3)快速推进客货运输管理服务智能化

国家交通物流公共信息平台是由交通运输部和浙江省人民政府牵头，由管理部门、行业协会、软件开发商、物流供应商多方共建的一个开放、共享的物流单据和服务电子交换基础网络平台(图 4-11)。该平台由一个共享交换平台、一批物流管理软件、一系列公共应用服务组成，目前平台已经接入 10 多万家企业，信息总交换量 8.2 亿条，日均交换量超 50 万条。东北亚物流信息服务网络实现了中、日、韩三国集装箱信息共享。

图 4-11　政企合作模式的全国综合交通出行信息服务平台示范工程

(4)持续推进先进智能交通技术探索

交通控制网是指信息获取和处理以及无线通信高度成熟条件下，交通系统利用信息诱导、安全辅助驾驶、系统自主控制、车辆自动驾驶等技术对路网内的车辆实施控制，调节路网承载能力和交通出行需求之间的平衡，从而实现对整体路网各层级交通流的调度或控制，最大限度地发挥路网使用功能，提高交通安全水平，为出行者提供可靠、便利的服务。

2)未来推进智慧交通发展的重点任务

(1)加强政务信息系统建设

按照“一数一源”原则，进一步完善交通基础信息资源，积极推进交通运输微博、微信、移动应用终端等信息发布和互动交流平台建设，完成道路运政系统和水路运输建设综合管理信息系统、部级行政执法综合管理系统、交通运输统计分析监测和投资计划管理信息系统等重点政务信息系统建设。

(2)提高安全应急反应能力

完成部省两级公路、水路安全监管与应急处置平台建设，促进系统与国家级、省级应急平台的互联互通和业务协同，整合应急值守设施设备和信息数据资源，建成综合交通运输运行协调与应急指挥系统，实现搜救、海事、救捞、公路运行等信息的互联互通和共享应用，建立综合交通运输协调和应急管理体系。

(3)完善基础设施信息化体系

要推广建筑信息模型(Building Information Modeling,BIM)技术和系统仿真技术的应用,进一步提升交通运输基础设施建设、管理及养护信息化水平,通过部省信息资源互联互通和共享共用,形成全国重要交通基础设施状态数据库,提升重要基础设施状态监测能力。

(4)提升物流公共信息服务水平

推进国家级交通运输物流公共信息平台和东北亚物流信息服务网络建设,倡导和支持全国各物流区域、节点城市、交通枢纽、物流园区的物流公共信息平台建设,引导和鼓励面向中小企业的社会化物流管理和信息服务平台发展。

(5)提高公众出行信息服务能力

完成政企合作模式的全国综合交通出行服务信息共享应用示范,推动政府和市场出行服务信息资源整合;完成省域道路客运联网售票系统、重点区域水路客运联网售票系统示范工程建设,推进旅客实名制信息互通和共享,开展综合客运枢纽管理、信息服务系统及城市公共交通智能化应用系统建设,加快发展多种运输方式电子客票业务。

(6)推进信息互联互通和共享共用

建立和完善行业基础信息资源目录体系与交换体系,完成全国高速公路电子不停车收费联网和公交"一卡通"重点区域联网,推动执法信息互联互通,初步实现路政、运政、港政、航政、海事等相关执法部门间信息资源共享,推动京津冀、长江经济带和"丝绸之路"经济带区域交通运输信息资源共享。

(7)高科技引领提高技术支撑水平

深化物联网技术在基础设施建设、使用和维护中的应用,进一步推进电子支付在货车收费、内河船舶过闸收费等领域的应用,大力推广移动支付在交通运输领域的应用,加大深海探测打捞能力的研发应用,提高远洋深海搜救打捞能力,引导云计算、大数据等处理技术以及面向移动智能终端的个性化信息推送技术的应用,积极推动基于北斗及地基增强系统的交通运输应用、关键技术研究以及"新一代国家交通控制网"等重点研究工作。

(8)提高网络与信息安全保障能力

研究制定行业网络信息安全战略和规划,全面落实信息安全等级保护制度、分级保护制度和信息安全审查制度,完善行业网络与信息安全信息通报机制和信息安全突发事件应急处置关键机制,加强核心软、硬件安全体系建设,进一步推动交通运输密钥管理和电子证书认证体系在政务系统、行业重点业务系统的应用。

第5章 新旧动能转换背景下高速公路服务质量优化

新旧动能转换的概念最早出现在2015年，当时我国政府提出我国经济正处在新旧动能转换的艰难进程中；后来，《十三五规划纲要》及2016年、2017年政府工作报告中都相继提到了新旧动能转换。2017年1月20日，国务院办公厅印发了《关于创新管理优化服务培育壮大经济发展新动能加快新旧动能接续转换的意见》。至此，“新旧动能”频繁地出现在政府机关文件和互联网上。

新旧动能转换立足制度创新，明确改革引领、创新驱动、优化服务、融合发展、底线思维的基本原则，提出要构建形成适应新产业新业态发展规律、满足新动能集聚需要的政策法规和制度环境。加快新旧动能接续转换是促进经济结构转型和实体经济升级的重要途径，是推进供给侧结构性改革的重要着力点。

5.1 新旧动能转换的内涵

新旧动能转换是指传统动能向新兴动能转换的过程。新动能是指利用产业变革带来的经济发展动力，新型产业、新技术、产业升级等有利于经济发展的一切新的因素都可称为新动能。旧动能是指传统的产业和发展模式，主要指高耗能、高污染、低效率的产业。新旧动能转换以新技术、新产业、新业态、新模式为核心，推动产业智慧化、智慧产业化、跨界融合化、品牌高端化，深化供给侧结构改革，建造新的经济增长极。新旧动能转换有两个基本特征：一是创新性，依托创新发展技术，通过大众创业万众创新和“互联网+”开创新业态、新模式，创造新的经济增长点；二是改革性，对落后产能进行改造升级，发掘其中新的生命力，以提升经济发展质量，实现腾笼换鸟、凤凰涅槃。

我国经济正处于新旧动能转换的艰难进程中。传统的增长结构和动力进入深刻的调整期，而新的增长结构和动力在加速酝酿中，但由于其体量还不够大，持续快速增长的格局还未最终确立，不能有效抵消传统经济领域的下行压力，因而经济总体呈现持续下行态势。

新旧动能转换作为政府官方用语，自出现至今都未曾有严格的概念界定。通过这几年的发展和沉淀，新旧动能转换的内涵逐渐丰富和完善。

1)新动能的内涵

所谓新动能，是指能够促进经济社会发展的新动力，是以互联网、大数据和云计算等新一代信息技术的应用为基础，以新技术的突破为依托，以新技术、新产业、新模式、新业态等“四新”为核心的影响经济社会发展、促进经济转型升级的产业驱动力。

2)旧动能的内涵

所谓旧动能，泛指传统的产业和经济发展模式，如高污染、高能耗以及产能过剩的产业，也包括对经济增长支撑作用不明显或下降的一些产业。

3)新旧动能转换的内涵

新、旧动能都是支撑经济增长的重要力量,新旧动能转换包括三个层次:一是培育形成新动能,使区域新动能占比提高;二是旧动能改造提升,主要利用新技术、新产业、新模式、新业态等对旧动能进行改造,使区域旧动能占比降低;三是注意新动能的出现和发展壮大对现有旧动能可能导致的影响。

5.2　实现新旧动能转换的战略意义

习近平总书记、李克强总理在很多场合对新旧动能转换的战略意义、目标和方向等做了深刻阐述。培育新动能、实现新旧动能转换主要体现在以下几方面。

1)把握和引领新常态的要求

经过 30 多年的高速增长之后,中国经济发展进入了新常态。这不是一个短期的周期性变化,而是一个阶段性变化。新常态是我们认识和理解现阶段中国经济的大逻辑。我们要认识、把握特别是引领新常态,本质上就是要实现新旧动能的转换。习近平总书记多次讲过新常态的三个基本特点,即速度换挡、结构升级、动能转换。随着国内发展形势的变化,传统的经济发展动能在衰竭,需要寻找、培育新动能,才能真正引领新常态。所以,我们要从引领新常态的高度来认识培育新动能的重大意义。

2)培育新动能、实现新旧动能转换是落实新发展理念的要求

在总结人类发展的历史经验和我们自己发展的经验教训的基础上,十八届五中全会提出了"创新、协调、绿色、开放、共享"的新发展理念。新发展理念之"新",在于它的整体性、系统性和协同性。它不仅强调其中的某一点,而且强调要把五大理念有机地结合起来,并且在实践中加以落实。要落实新发展理念,必须有新的动能。过去我们靠大量的资源投入、很高的环境成本和社会成本来驱动经济取得高速增长,这是不可持续的。新发展理念就是针对过去的旧动能提出要培育新动能,所以新动能要体现新发展理念的要求。

3)培育新动能是中国实现跨越中等收入阶段的内在要求

经过这些年的努力,我们取得了巨大的成就,从低收入国家变成上中等收入国家,正在迈向高收入国家。可能有很多人认为这是一个自然而然的过程,现在人均收入 8000 多美元,跨过人均 1.2 万美元的门槛,能够很顺利地进入高收入阶段。如果我们看一看其他国家发展的历史,情况也许并不是想象的那么简单。世界银行曾经做过评估,第二次世界大战结束以后,有 110 多个经济体先后从低收入阶段实现经济起飞,进入了中等收入阶段,但是从第二次世界大战结束至今的 70 多年,从中等收入阶段进入高收入阶段的经济体只有 13 个。也就是说,只有 10% 左右的经济体顺利实现了这样的跨越。世界银行说中等收入是一个"陷阱",这是一种描述,理论界对此颇有争论。有些专家认为"中等收入陷阱"是个伪命题,但是从实践的角度来看,实现这个跨越的确不是一件顺理成章的事。正如托尔斯泰说的,"不幸的家庭各有各的不幸",那些没有实现跨越的经济体各有不同的原因,有的是政治动荡,有的是国内经济发展战略失误,有的是遇到了金融危机、经济危机、社会危机等;而"所有幸福的家庭都一样",实现跨越的经济体,无一例外地实现了在不同发展阶段的新旧动能转换和接续。就中国而言,已经达到人均 8000 多美元的中等收入,这是一个巨大的发展成就,

但是往前看，要想跨越“中等收入陷阱”，顺利进入高收入阶段，必须培育新动能。因此，无论是从落实党中央提出的新发展理念、中央的战略部署，还是实现发展阶段跨越的角度看，培育新动能、实现新旧动能转换都是一件影响全局的大事。我们要从这个高度认识这项工作的重要性，培育新动能，要牢牢把握好各种战略性机遇。对于今天的中国来说，实现新旧动能转换面临着很多战略性机遇。

(1)以信息技术为代表的新一轮技术革命和产业变革，其中蕴含着巨大的机遇。大家可能已经意识到，新一轮技术革命，特别是信息技术革命，已经深刻地影响到我们的生产生活方式。近年来，人们的生活发生了很大改变，如购物方式的变化、智能手机的应用等。生产方式也在发生改变，各种新产品、新服务、新商业模式层出不穷，出人意料。很多人判断，信息技术革命可能才刚刚起步，未来会怎样发展，会把人类社会引往什么方向，还有很多不确定性。但是我们能够确定的是，在新技术革命和产业变革的时代背景下，会带来更多新的技术、新的产品、新的服务、新的模式，也就是我们所说的“四新”，这其中蕴含着巨大的发展机遇。如果把握好了，它就会成为引领我们发展的新动能；如果把握不好，我们这些年一直在努力追赶和缩小的同发达国家之间的差距还会再次拉大。回顾历史就会发现，这些领先的国家，各领风骚数百年。中国人很幸运，我们领先了两千年，在农耕时代是全世界最发达的国家，那时候的技术革命很慢。现在，技术革命越来越快，可能一个国家只能领先几十年。全球格局的变化，从根本上说，就在于哪些国家能够把握住重大技术革命、产业革命带来的机会，从而异军突起。

(2)从需求侧看，我们本土的大市场，既是培育新动能的宝贵优势，也是我们的机遇。中国的高速铁路、微信、移动支付、共享单车等被称为“新四大发明”的新技术、新产品、新商业模式，之所以取得成功，我们本土的大市场发挥了重要作用。技术创新、品牌培育，都是要靠规模来分摊成本的，如果是一个市场狭小的地方，开展研发、培育品牌的成本会相当高。所以，我们推动转型升级，一定要高度重视并用好大市场的优势。同时，我们正处在一个消费结构快速升级的时期。中国有1亿多人(有人说是3亿人)的中产阶层，比很多发达经济体的总人口都多，这个市场的变化特别是消费升级的快速变化给新的产品、新的服务提供了需求支撑，可以促进创新，无论是技术的创新还是商业模式的创新。另外，我们正处在绿色转型发展的过程中。以前我们经常把环境保护和经济发展放在对立的角度，但是经过实践，特别是中央提出新发展理念之后，我们认识到绿色发展本身就是发展的新动能，会带动节能环保的新技术、绿色发展的新模式等。

(3)中国在供给侧形成了培育新动能的很多优势，也是培育新动能的机遇。例如，完善的基础设施，这个大家都已经看到了。又如，人力资源。过去我们参与全球竞争靠的是什么？靠的是低成本蓝领工人。随着发展，我们人均工资水平提高了——从发展成果的角度来说，这是一件非常好的事情，习近平总书记一直强调要实现“以人民为中心”的发展，我们的目标就是让全国人民分享发展的成果，改善民生福祉。但是，从参与全球竞争的角度来说，我们也要看到，传统的依赖低成本劳动力的竞争优势在弱化。那么今后，我们要靠什么来参与全球竞争？我国每年毕业大学生700多万人，其中有近300万人的理工科学生。培育新动能的一个很重要内容是技术创新。技术创新就要靠研发，靠人力资源。我们要发挥人力资源优势，推动创新发展，使技术密集的产品和服务形成国际竞争力，这就是在培育新的动能。除了人力资源的优势之外，我们还有产业配套能力的优势，它能够有力地支撑我们的产业进一步升级和促进新技术产业的发展。我们处在这样一个新的发展阶段,培育新动能、实现新旧动能转换既面临巨大的机遇,又有着坚实的基础。

5.3 科技创新与新旧动能转换的辩证关系

新动能的培育和出现需要突破性的技术予以支撑,旧动能的改造升级也需要新技术的支持,也就是说,新、旧动能都需要汇聚创新性、颠覆性技术,都离不开持续的技术创新,只有以技术创新为源泉才能实现新旧动能的转换。新旧动能转换是科技创新能量释放的表现,科技创新因为新旧动能转换的存在有了实质上的承载。科技创新本身就是为经济社会发展提供动力支撑,因此,新旧动能转换就是科技创新的主要目的之一。例如,经过几十年的发展,山东省高速公路路网的基础设施与世界发达国家相比已毫不逊色,服务也具备了较高的能力和水平。现在发展规模基本到位的情况下,如何持续发展和发展的新动能在哪里是急需明晰的问题。山东省高速公路路网发展的新动能就是拓展服务空间、提升服务水平。

5.4 新旧动能转换背景下高速公路智慧交通构建与服务质量的提升

新形势下综合运输发展的新思路:路网建设,讲通道、枢纽、网络;运输方式综合,讲立体、多元、无缝;运输状态,讲安全、便捷、舒适、绿色;运输业态,讲信息化、智能化、互联网+化、人性化;运输技术,讲大数据、云平台、机器人。按照这个新思路,交通发展仍有很大的差距,还有很多事情需要做。也就是说,交通发展还有很大的空间以及很大的潜力和机遇,即拓展服务空间、提升服务水平。一方面,充分发挥设施设备和高速公路路网的优势,发展与旅游、物流等产业相关的服务空间、领域;另一方面,“四新”(新技术、新产业、新业态、新模式)发展,“四化”(产业智慧化、智慧产业化、跨界融合化、品牌高端化)融合,积极、主动、创新采用新材料、新能源、新技术、新模式,发展互联网+,应用大数据、云技术、机器人等,增加服务手段,更好地服务于社会和人民,开拓前行,完成自身新旧动能的转换[31]。

5.4.1 物联网及构架

在过去几十年里,我国高速公路路网发展取得了重大进步,然而在高速公路取得飞速发展的同时,交通事故、环境污染、能源消耗等问题却依然严峻,高速公路管理水平明显滞后于道路建设的发展。因此,如何实现高速公路高效、快速、安全运行,既是我国也是世界各国共同面对的严峻问题。随着信息技术、数据通信技术、电子控制技术和计算机等的发展,智慧交通系统逐渐成为解决交通问题的最有效途径。智慧交通系统就是利用各种先进技术实现车、路之间的相互联系,使车辆可以在道路上安全、舒适地运行,达到人、车、路的协调统一,提高运输效率,充分保障交通安全、提高能源利用率、改善环境质量。物联网技术的出现为智慧交通系统的发展提供了新的动力,物联网智慧交通系统是指利用各种信息传感设备,如射频识别、红外感应器、全球定位系统、传感网络等技术与互联网结合,实现人、车、路的相互连接,从而实时、准确地获取交通信息,为智慧交通系统的合理调度控制、充分利用各种资源等的科学决策提供基础数据。每个高速公路基础设施通过信息化技术提升都可以看作是智慧交通系统中的一个神经元,物联网技术则可以将这些神经元有结构、有层次地联系在一起,组成一个真正的智慧系统。物物相连是实现智慧交通之智慧的基础。

1)物联网定义

物联网顾名思义为物物相连,物联网之网始于互联网,而又不同于互联网[33]。互联网主要连接的是计算机等智慧信息终端,人们利用这些信息终端进行相应的信息加工、处理以及交换。物联网将网络的节点形式拓展到万事万物,强化了通过网络对连接节点的控制作用和功能[33]。另外,在连接手段上,互联网主要通过有线的形式,借助电缆、光缆进行连接,而物联网主要通过无线的形式实现更广区域的对象连接。

国际电信联盟(International Telecommunication Union,ITU,简称国际电联),将物联网定义为通过射频技术装置(Radio Frequency Identification,RFID)、二维条码读取、识别设备、红外无线/有线感应器、激光条形码扫描设备和全球定位系统(Global Positioning System,GPS)等信息传感设施设备,按照一定的约定通信协议,把任何物体、事物、物品和互联网相连接,进行互联、通信和信息交换,以实现自动化、信息化、智慧化的定位、识别、跟踪、协同、控制、监控和管理的一种网络形式。简而言之,物联网是以互联网和传统电信网为承载体,实现所有能够被独立寻址的普通物理对象互联互通的网络。

从哲学意义上来讲,世界上任何事物都是相互关联的,一种事物的存在的状态、演变和灭之都会直接或间接地对其他事物产生一定的影响。混沌理论向我们展示了蝴蝶扇动翅膀与一场远在千里之外的暴风雨之间的关联关系。物物互联从技术层面强化了事物的关联关系,有助于人类有目的地利用这些关联关系进行生产和生活上的协同。任何事物和该事物在人们头脑中形成的概念的关系都是相互依存的关系。该事物的概念是该事物在人们头脑中的本质属性的反映。物联网也是一种事物。

如果说互联网是实现的人与人的互联(Human to Human,H2H),那么物联网在人人互联的基础上,拓展到物物互联(Thing to Thing,T2T),和人物互联(Human to Thing,H2T)。类似的还有M2M的理论,其认为物联网实现了人到人(Man to Man)、机器到机器(Machine to Machine)、人到机器(Man to Machine)的三层M2M互联,通过人与机器、机器与机器更好地交互与协同,以达到卓越地服务于人与人之间的信息交互与相互关系问题。因此,物联网之于互联网不仅体现在技术层面的进步与提升,而且是在认识论和控制论层面的飞跃,它标志着人类二维的平面互联空间进入到立体、超立体的多维互联空间。

2)物联网的发展

和任何事物的发展过程一样,物联网同样经历了形成、发展和成熟三个阶段。

(1)形成阶段

远在中国战国时代,烽火通信系统在一定意义上是一种最原始的物联网技术,其所连接的事物为一个个的烽火台,每个独立的烽火台都有情报采集、预警、防务等多种功能,借助一定的规则,利用狼烟光学系统,实现相邻和相近的烽火台之间相互的通信、协同功能[34]。

1990年,互联网的概念还远未形成之时,美国施乐公司就对其管理的可乐自动售货机进行了互联,形成了一个机器联网(Networked Coke Machine),已达到实现对销售数据实时管理的目的,可以看成是物联网的一次现代实践。

1995年,微软创始人比尔·盖茨在《未来之路》一书中描述道:“当你走进机场大门时,你的便携式个人电脑与机场的电脑相联，即刻证实你已经购了机票，于是机场自动门禁系统为你开门，你无须携带、利用钥匙或磁卡，你的便携个人电脑会向门禁系统的电脑证实你的身份。”上述描述被看成第一次对物联网系统进行系统、生动、形象地描述和界定。与此同时，比尔·盖茨也将其理念转换成现实。1997 年，他耗资高达 1 亿美元将位于美国西雅图豪宅中的照明、温湿度、音响、防盗等系统进行集成，通过中央处理器对各系统进行集中调节控制，实现了以物联网为基础的智慧家居系统。

1998 年，凯文·阿斯顿（Kevin Ashton）首次提出了真正意义上的物联网概念。凯文·阿斯顿将物联网简单地定义为把所有物品通过射频识别等信息传感设备与互联网连接起来，实现智慧化识别和管理。

在中国，1999 年，中科院启动了传感网的研究和开发。所谓传感网，其实质上与物联网是相一致的。同年，美国麻省理工学院建立了“自动识别中心”，在计算机互联网的基础上，利用无线传感器网络（Wireless Sensor Network，WSN）、数据通信技术，构建一个理论上能够覆盖世上万事万物的“物联网”。

2005 年 11 月 17 日，国际电信联盟在突尼斯举行的信息社会世界峰会（WSIS）上，发布了《ITU 互联网报告 2005：物联网》，正式以国际官方组织的身份引入和发布了物联网的概念，标志着物联网的定义和范围已基本形成与明确。

（2）发展阶段

2003 年，美国零售业巨头沃尔玛将 RFID 技术推广到其整个供应链和零售管理领域，而最终取代了条形码技术，成为第一个正式全领域采用 RFID 技术的工商业企业。2014 年底，该公司最大的 100 个供应商就实现了包装箱、托盘上粘贴电子标签，并逐渐拓展到具体单个商品[35]。

2004 年，日本提出了“泛在日本”（U-Japan）计划，希望将日本建设成一个“anytime”“anywhere”“anything”“anybody”均可连接的“泛在网络”，目的为实现人与人、物与物、人与物之间的互联互通。

2006 年，韩国效仿日本，确立了韩国的“泛在韩国”（U-Korea）计划，旨在民众的生活环境里建设智慧型网络，建立一个“无所不在的社会”泛在信息系统。

（3）成熟阶段

2009 年 1 月，美国总统奥巴马与美国工商业领袖举行的“圆桌会议”上，IBM 首席执行官彭明盛提出“智慧地球”概念，并建议美国政府大力投资于新一代的智慧型社会基础设施，得到了奥巴马的认可。同年，美国将物联网与新能源并列确定为振兴美国经济的两大重点方向。

2009 年，欧盟《物联网行动计划》报告中提出了航空航天、汽车、医疗、能源等领域的物联网 14 项行动计划，并于 2009 年 10 月，进一步推出了欧盟“物联网战略研究路线图”，明确 12 项关键技术，将重点应用领域扩大到 18 个，确定了首推智慧汽车和智慧建筑的发展战略。

2009 年 8 月，温家宝在“感知中国”的讲话把我国物联网领域的研究和应用开发推向了高潮。随后，物联网被正式列为我国国家五大新兴战略性产业之一，并写入 2010 年的《政府工作报告》。

2011 年，中国物联网产业已经形成规模，总产值超过 2600 亿人民币，其中支持层、感知层、传输层、平台层和应用层分别贡献了 2600 亿人民币中的 2.7%、22.0%、33.1%、37.5%和 4.7%[36]。

当前,物联网技术不断完善,已经或正在广泛应用于环境保护、智慧交通、公共安全、智慧家居、智慧电网、智慧消防、环境监测、工业监测、物流监测、定位跟踪、食品溯源、个人健康、老人护理、敌情侦查和情报收集等众多行业和领域。物联网技术日趋成熟,正全面、全方位地影响着、服务着甚至主导着人们的生产和生活。

3)物联网技术架构

物联网实现物物相连主要是借助一定的通信协议,通信协议的重要功能是将各种信息的格式进行统一化;物物相连通信的数据是来自各连接物体的属性信息,属性信息的获取依靠各种数据采集器件;物物相连的目的是为了生产和生活中的各种应用。因此,物联网的实质就是按照约定格式的通信协议将海量数据采集器、传感设备组成通信网络,并与互联网以及各种网络相连接,进行通信以及信息交换,以实现对所连接物体的智慧化、自动化定位、跟踪、识别、监控等功能的交互式物理网络。物联网从构成上可以被划分为三个层次,即感知层、网络传输层和信息处理应用层,如图 5-1 所示。

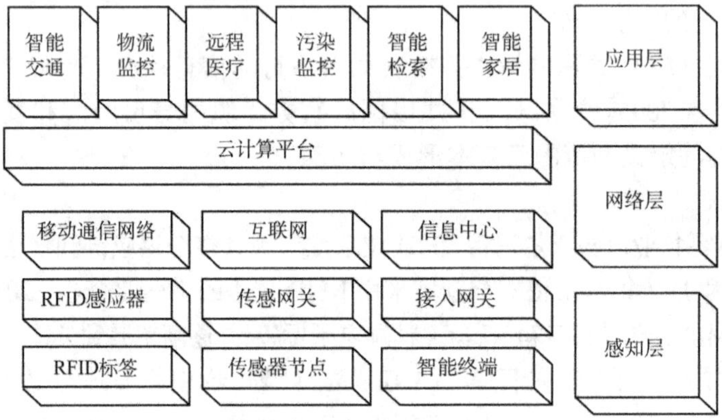

图 5-1　物联网技术架构

(1)感知层

感知层是物联网基础信息的采集系统。每个物体都是一个客观的存在,这种客观存在又衍生出该物体区别于其他物体所固有的独特属性。感知层就是要通过各种数据采集技术和传感技术,动态地采集所连物体的属性。

(2)网络层

网络层是物联网的通信系统。网络层是物联网的三个层次的中间层,它向下连接感知层,向上连接应用层。网络层的物理属性角度是互联网、无线通信网、局域网、专属网等各种网络形态,网络层的技术属性是构成各种物理网络高效、正确运行的各种通信协议。

(3)应用层

应用层是物联网和用户的接口。根据物联网在不同行业应用,将通过网络层传输过来由感知层所采集的数据,按照行业应用的需求,加工、分类、筛选、处理成相关格式提供给终端用户。它的实现主要依赖于各种数据库技术、专业软件、移动终端应用程序(App)等。

4)物联网的特点

相对于互联网,物联网具有如下三个方面的特点。

(1)更广泛的感知

物联网通过海量的、各式各样的信息采集器、传感器获取信息,这些信息是对物的状态、属性的记录和描述。每个采集器、传感器都是一个独立的信息源,按一定的频率,周期性地采集环境信息,所捕获的不同信息按照统一的协议进行封装,随时随地感知、测量、捕获和传递信息。随着芯片技术、新型材料技术的发展,信息采集器、传感器技术得到了迅速发展,具有低成本、长寿命、高可靠、抗干扰、多模式、自适应等特点。

(2)更立体的互联

虽然物联网技术的重要基础和核心仍旧是互联网,但是物联网不等同于互联网的简单物理拓展。物联网广泛地融合了各种有线和无线网络,在兼容当前互联网技术的基础上建立起了一种基于互联网的泛在网络。物联网海量的节点产生海量的通信需求,就会制造海量的数据信息。为了保障海量数据正确、及时地传输,这就要求物联网必须具有更快的传输速度、更宽的传输带宽、更高的频谱利用率、更智慧化的接入和更高效的网络管理,物联网的连接主要依赖于下一代通信网络(NGN)技术,如第6版互联网协议(IPv6)、自组网技术、新型无线通信网(3G、4G、ZIGBEE)等。

(3)更深入的智慧

物联网不仅仅是为了连接而连接,其主要目的是对信息的智慧化处理以及对连接物体的自动化监控、控制。在智慧化的传感器本身具有智慧处理能力的同时,物联网通过群集智慧、云计算、分布式协同处理等将传感器获得的海量信息进行分析、加工和处理。

(4)更高度的集成

物联网的技术已经远远突破电子通信的范畴,它是声、光、电、波等各种类型信息源和信息类型的高度集成系统。声学技术包括声呐技术、超声技术等;光学技术包括红外感应、激光扫描器等;电子技术包括传统的集成电路卡(IC卡)、新型集成芯片等;电波技术包括射频识别(RFID)、全球定位系统(GPS)、无线网络技术等。

5.4.2　智慧交通的含义

1)智慧交通的由来

2013年12月27日,在交通运输部2014年全国交通运输工作会议上,时任交通运输部部长杨传堂作了题为《深化改革务实创新加快推进"四个交通"发展》的报告。所谓"四个交通",即综合交通、智慧交通(Smart Transportation)、绿色交通和平安交通。"四个交通"共同构成了推进交通运输现代化发展的有机体系。其中,综合交通为核心,智慧交通为关键,绿色交通为引领,平安交通为基础。"四个交通"相互关联,相辅相成。智慧交通是四个交通的关键。发展智慧交通是提升交通运输服务水平的有效途径,是推进交通运输管理创新的重要渠道,同时也是推动交通运输转型实现交通运输现代化的重要支撑。

2015年,交通运输部出台的《全面深化交通运输改革的意见》中明确提出:完善智慧交通体制机制,推动交通运输行业数据的开放共享和安全应用,充分利用社会力量和市场机制推进智慧交通建设;推进新一代互联网、物联网、大数据、"北斗"卫星导航等技术装备在交通运输领域的应用;面对新一代信息技术引领下的科技创新浪潮,要推动智慧交通发展,提高交通运输信息化智慧化水平,加强综合交通运输标准体系建设,引领和驱动交通运输产业向中高端迈进。

智慧交通是在智慧交通、智慧交通系统(Intelligent Transportation System,ITS)的基础上发展、提升而来的。在智慧交通概念形成过程中借鉴了智慧地球、智慧城市、智慧电网等概念的理念和定义。所谓智慧交通系统是将先进的电子传感技术、信息技术、数据通信传输技术、控制技术及计算机技术等有效地集成运用于整个综合交通运输管理系统而建立的一种实时、准确、高效的,在大范围内、全方位发挥作用的综合交通运输管理系统。

为解决城市交通的拥堵问题,各国的各大城市都已经大规模地建设了智慧交通系统。通过智慧交通系统将城市交通中信号系统、监控系统和诱导系统集成在一起,动态地收集、监控、引导交通流的变化起伏。在提升城市交通系统效率,缓解交通拥堵方面起到了一定的作用。然而,随着城市车辆数量规模的不断增加,拥堵问题日益严重。

智能交通之所以在解决城市交通问题中显得孤助无力,主要是智能交通基础数据单一,仅包含城市基本路网、道路信息和即时的交通需求信息,很难从综合交通的角度解决交通问题。在实际的运行过程中,数据散乱,形成了信息孤岛,不能够全面、系统、深入地反映交通供给与需求,不能够实现多种交通方式之间的融合协同,很难对交通事件进行实时预警、响应和分析,缺乏对交通信息的全面融合和深度应用。

当今世界,信息化、智慧化水平仍然是衡量和评判一国交通运输现代化发展水平的重要标志。为了推动现代信息技术与交通运输管理和服务全面融合,实现交通运输设施装备、运输组织的智慧化和运营效率、服务质量的提升,我国发展智慧交通的需求被交通运输部提升到了台面。

2)智慧交通的定义

什么是智慧交通?参考智慧城市的定义,中国科学院、中国工程院院士李德仁教授将智慧城市定义为“智慧城市 = 数字城市 + 物联网 + 云计算”。他认为智慧城市的内涵是将数字城市、物联网与云计算三个概念的融合。

参考智慧城市的理念,智慧交通应该是把传感器装备到交通系统的各种物体中形成物联网,并通过超级处理能力的计算机和云计算技术实现对物联网的整合,从而达到数字交通与交通系统的高度整合。在对交通系统各种组成要素全面数字化基础之上建立的可视化和可量测的智慧化交通运输管理与运营平台,包括交通系统的基础设施信息数据平台,以及在此基础上建立的具有网络化、智慧化和开放性特征的交通运输综合信息管理平台与管理、运营综合决策支撑平台。

“智慧交通 = 数字交通 + 物联网 + 云计算”,是指在交通领域中充分运用互联网、移动互联网、物联网、人工智慧、自动控制、云计算、分布式计算等技术,对交通运输、公众出行、交通设施、运营管理、行政管理等全交通领域,以及交通建设、运营、维护、改造、管理全过程进行数字化、智慧化的管控支撑,使交通系统在城市、区域甚至更广阔的时、空范围内,具备互联、互通、感知、分析、预测、决策及控制等能力,以充分保障人们交通运输安全、有效发挥交通基础设施效能、最大提升交通系统运行效率和管理水平,为日益增加的公众交通出行和可持续的社会经济发展运输需求服务。

5.4.3 基于物联网的智慧高速公路建设与服务质量提升

1)智慧高速公路系统的定义

高速公路智慧化是指将先进的信息技术、数据通信技术、控制技术、传感器技术、运筹学、人工智慧和系统综合技术有效地集成应用于高速公路的建设和管理,使其具有语言、数学逻辑推理、视觉模拟或替代人的肢体运动的能力,从而加强车辆、道路、使用者三者之间的联系，形成一种安全、高效的运输系统。从我国第一条高速公路建成以来，我国高速公路建设发展迅速，“十一五”期间我国高速公路里程已居世界第二位。然而在高速公路建设得到充分发展的同时，也面临着越来越严峻的挑战。随着交通工具的迅猛发展，交通拥堵、环境污染、能源浪费等问题越来越严重，同时由于经济的发展交通需求也在不断增长，因此迫使人们寻找新的解决方法，智慧交通系统被认为是目前解决交通问题的最有效途径。

2）智慧高速公路系统的基本要素

智慧高速公路系统的发展途径是交通信息化，高速公路路网要发挥最大的社会效益，只能依靠交通信息化，以信息化促进智慧化，达到人、车、路融为一体，和谐统一，以人为本，个人信息化，实现在任何时间、任何地点都能够与任何一方通信、获取信息。高速公路智慧化的基本要素主要包括信息化和综合化。

（1）能够实时、全面、完整采集高速公路交通信息和其他信息，能够及时地、准确地为高速公路管理者和使用者提供各种交通信息等。

（2）达到人、车、路的和谐统一，使交通管理者、交通参与者、交通工具以及道路基础设施等能够进行实时、高效的信息交换。

（3）高速公路系统由各个分散的子系统组成，高速公路智慧化就是将分散的各个子系统组织起来，成为一个互融共通的整体。大大提高交通路网的通行能力以及交通系统的控制能力、运行效率和服务水平，降低交通对环境的负面影响，发展交通运输行业的组织管理水平、组织形式、革新交通运输的观念。

3）物联网提升智慧交通服务

智慧交通系统是指利用现代化信息技术为核心，利用先进的通信、计算机、自动控制、传感技术，实现对交通的实时控制与指挥管理（图5-2）。交通信息采集被认为是智慧交通系统的关键子系统，是发展智慧交通系统的基础，成为交通智慧化的前提。无论是交通控制还是交通违章管理系统都涉及交通动态信息的采集，交通动态信息采集也就成为交通智慧化的首要任务。

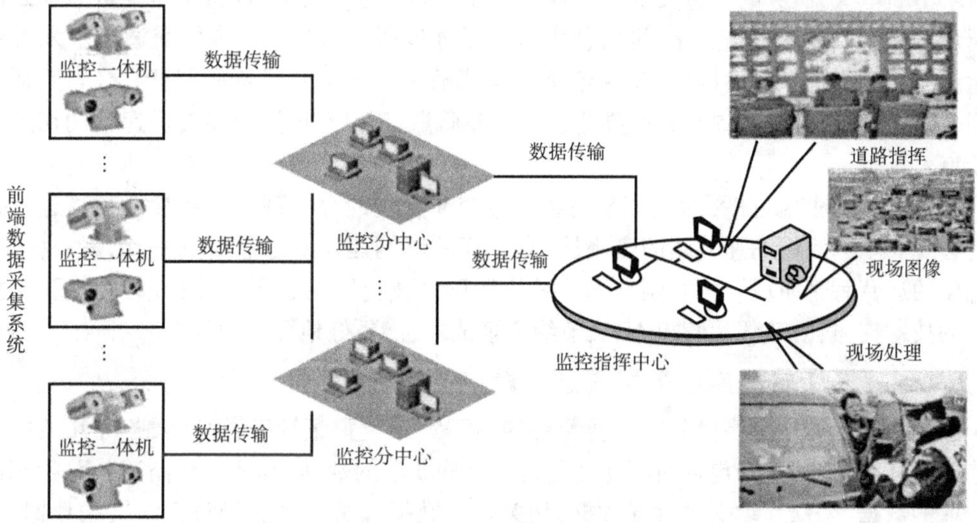

图5-2 智慧交通系统

应用物联网技术,可以节约能源、提高效率、减少交通事故的损失。道路交通状况的实时监控可以减少拥堵,提高社会车辆运行效率;道路自动收费系统可以提升车辆通行效率;智慧停车系统可以节约时间和能源,并降低污染排放;实时的车辆跟踪系统能够帮助救助部门迅速准确的发现并抵达交通事故现场,及时处理事故清理现场,在黄金时间内救助伤员,将交通事故的损失降到最低。

通过监控摄像头、传感器、通信系统、导航系统等手段掌握交通状况,进行流量预测分析,完善交通引导与信息提示,缓解交通拥堵等事件的发生,并快速响应突发状况利用车辆传感器、移动通信技术、导航系统、集群通信系统等增强对城市公交车辆的身份识别,以及运营信息的感知能力,降低运营成本、降低安全风险和提高管理效率。增强对交通“一卡通”数据的分析与监测,优化公共交通服务对出租车辆加强实时定位、车况等信息监测,丰富和完善出租车信息推送服务。

通过传感器增强对桥梁和道路健康状况、交通流、环境灾害、安全事故等全寿命监测、评估,完善停车智慧感知,加强引导与信息显示,基本形成停车诱导服务平台建设和完善城市交通综合计费系统。针对城市的交通企业、从业人员与运行车辆、统一配发电子标签,加强对身份的自动识别,提高管理水平。

4)基于物联网的智慧交通发展的可行性

(1)经济发展促进高速公路发展转变为“服务型发展”。经济社会的发展历来与交通运输发展息息相关。高速公路从“投资型建设”向高速公路整体路网与设施设备系统整合发展转变,正朝着提升交通服务质量、优化服务、创新服务方面发展的“服务型建设”转型。促进交通运输的发展,核心就是提高交通运输的服务质量和发展效益,主动适应经济社会发展的需求。

(2)“服务型发展”的建设核心就是服务信息互联互通。中国目前汽车产销量已跃居世界首位,但是中国千人汽车保有量远远不及欧美、日本等发达国家,具有很大的发展提升空间。机动化时代的全面到来、中国交通快速发展,必然对包括高速公路在内的交通设施的数量需求不断增大,服务的质量要求越来越高。如何提高服务质量,其根本是要依靠第四次工业革命的关键要素——信息化,将信息化作为促进包括高速公路在内的交通运输发展的主要生产力。而以信息化发展为核心第四次工业革命的切入点正是物联网,因此,紧紧抓住物联网,依靠物联网技术来提高我国高速公路服务质量、正是开展服务型交通运输的切入点和创新点。

(3)以物联网为技术平台的智慧高速公路交通管理迎合了现代经济社会和高速公路发展的客观要求。我国高速公路的密集性、高强度的路网建设阶段已经过去,已进入科学化、信息化的运营管理阶段。物联网技术能够为我国高速公路的运营与养护、管理与服务提供强大的技术支撑,既节约运营成本,又节约管理成本,能更好地服务于社会。

5.4.4 基于物联网的智慧高速公路内容与设计

基于物联网的智慧高速公路由智慧感知、智慧分析、智慧管理、智慧服务等几类关键应用构成。其中,智慧感知包括由高速公路运管机构获取的数据、其他关注高速公路状态的机构获取的数据、公众互动交通状况数据、相关行业数据和重大社会经济活动关联数据、人工接报数据等六类;智慧分析主要依托大数据分析技术与人工智能技术等对多源异构交通数据构建算法模型，开展各类分析；智慧管理包括监测与预警管理、应急事件管理、机电运维管理、自由流收费管理、路政养护管理等；智慧服务包括“互联网＋”出行服务、行车安全智能诱导服务、智慧服务区、车路协同服务等。

1）智慧感知

智慧感知为高速公路运营与服务智能化的开展提供了数据层面的保障，是开展智慧分析、智慧管理与智慧服务等业务的基础，是保障高速公路稳定运行和科学管理的重要支撑系统，打造智慧感知是全面、及时地掌握交通运行状态的主要途径。

目前，已有高速公路信息化系统在运行过程中，通过车感线圈、微波检测器、高清摄像机等硬件设备获取多种形式的相关信息，如交通流量、车牌、行驶速度、行驶时间等。同时，为保证车辆在高速公路上的行驶安全，大部分高速公路都加入了测速系统，使用雷达测速装置结合高清摄像机，对行驶车辆进行测速和图像抓拍。另外，在高速公路中还设立了多个检测点，可以有效地分析车辆在高速公路中的行驶路径。

以上这些高速公路中已有的配套系统，获取了车辆在高速公路行驶的大量信息，这些信息为建立高速公路信息生态体系提供了有力支撑。但是，传统的高速公路管控信息系统一直使用内部网络，与互联网之间存在着数据壁垒，甚至同一机构的不同信息系统之间也相互隔离。“互联网＋”是通过互联网平台和现代通信技术，打通互联网和传统行业之间的渠道，整合社会资源，打造一个全新的领域和业态，其本质就是资源和数据的公有化，实现信息从私有到公有的转变。在“互联网＋”高速公路条件下，高速公路运营与服务智能化生态体系的信息来源主要有以下六类数据，这六类数据与交通管理、交通信息服务的关联度依次降低。

（1）高速公路运管机构获取的数据

这类数据包括了各类交通外场设施，如车感线圈、摄像机等产生的数据、车载 GPS 或车载终端产生的车辆位置信息等数据，以及高速公路收费系统产生的车辆通行、收费数据等。这些数据能够反映出总体的交通状态和局部的交通状况，与交通信息生态体系最直接相关。

（2）其他关注高速公路状态的机构获取的数据

这类数据包括地图服务机构提供的基础道路 GIS 数据，导航服务提供机构提供的车辆 GPS 定位、行驶轨迹、道路状态等数据。与高速公路运管机构获取的数据相比，这类数据获取的途径不同，但仍能够较为准确地反应交通状况，如果两者有效融合，将实现更为准确的道路状态评估与预测。

（3）互联网数据

这类数据包括了公众通过微博、微信、手机应用、论坛、广播电台等提供交通状况相关的文字、图片、音频等数据。这些数据是对交通设施产生数据的有效补充，能够直接反映局部的交通状况。

（4）相关行业数据

这类数据包含了气象、环境、旅游、手机信令以及其他与交通间接相关的数据，这些数据能够用于更准确地分析和预测交通状况和总体交通状态。

（5）重大社会经济活动数据

这类数据对交通状况会产生一定的影响，如重大节假日期间景区周边道路的交通产生拥堵,这些活动对交通的影响结果是局部的,而且是可以预见的。

(6)人工接报数据

对于道路发生的各类突发事故事件,监控人员可通过人工接警的方式进行记录,这类数据对高速公路运营与服务管理进行了有效的补充。

2)智慧分析

智慧分析是交通运行管理能否实现"智慧化"的核心,是提高各级交通部门管理效率、打破信息盲区的重要支撑。依托大数据分析技术与人工智能技术,将城市交通流信息、交通事件信息、气象信息、视频及图像信息、车辆位置信息、基础设施运行状态信息等进行实时汇聚,按照统一标签、统一服务、统一接口的原则,构建多类算法模型,建立数据采集、数据存储、数据治理、人工智能、数据应用、多元服务等一体化数据管理流程,把控高速公路整体运转状况,实现跨部门资源共享与应用协同,构建高速公路运营与服务管理智能大脑。

智慧分析在构建高速公路智能大脑的同时,明确各部门数据共享的范围边界和使用方式,加快政府管理部门、交通运输企业、研究机构、互联网企业、公安等跨行业部门以及社会公众等之间的互联互通和信息共享,打造智能交通数据生态体系。

3)智慧管理

在传统高速公路检测技术基础上,借助互联网技术与信息,构建基于多源数据融合的、高可靠的路网运行状态的智慧感知体系,并依托智慧分析结果,最大限度地发挥大数据在交通运输业的价值,为交通运输的精准管控提供科学的决策支持。"互联网+"技术保证了信息来源的多样化,通过将生态系统中各种不同生态位机构的信息进行收集、整合、分类、分析及处理,可以获取精准度更高、时效性更强的结果,对高速公路管理单位的工作提供了巨大的帮助。智慧管理的内容包括监测与预警管理、应急事件管理、机电运维管理、自由流收费管理和路政养护管理等。

(1)监测与预警管理

监测与预警功能是高速公路运行系统的核心,主要利用智慧感知与分析信息获得实时的道路交通运行动态、异常交通事件、气象环境等,综合交通动态信息和外场设备运行状态信息和按照一定的数学模型进行计算,据此判断当前交通运行状况,得出最优的分析结果,对异常事件进行及时预警。

(2)应急事件管理

集语音、视频、位置信息、数据业务为一体,实现遇到突发事件后的应急事件快速填报、快速处置等,解决发生紧急事件后第一时间获取事件信息、第一时间通报相关部门、第一时间确定应急预案及措施等问题,实现应急情况下包括语音调度、视频调度、GIS 调度、数据传输以及文本消息等多种媒体信息的互联互通。

(3)机电运维管理

对各类机电设备进行实时监测,建立运维计划及设备档案,实现对机电设备的及时养护管理,建立机电设备相关的全生命周期管理。

(4)自由流收费管理

车辆行驶至出口收费站时,使用手机支付,实现迅速缴费、迅速通过,无须提前存储现金至银行卡之上,达到无感收费的目的,提升车辆在收费站的通行效率。自由流收费是在互联网技术发展之下的必然产物，也是未来高速公路收费系统的发展趋势。

(5)路政养护管理

在移动互联技术的发展下，高速公路路政、养护业务可实现移动端的全生命周期管理，以此提升高速公路整体的运营管理水平。

4)智慧服务

智慧服务包括"互联网+"出行服务、行车安全智能诱导服务、智慧服务区和车路协同服务等。

(1)"互联网+"出行服务

与当下流行的互联网专业出行服务商开展合作，与其开展深度的数据融合及业务数据交换，为公众提供全新的"互联网+"交通深度融合的信息服务。

(2)行车安全智能诱导服务

集成智能诱导边缘标、能见度仪、外场通信预处理器等设施设备，采用无线链式组网技术，实现外场沿中央分隔带和路侧成组纵向布设的智能诱导边缘标的功能组态，根据公路沿线能见度与道路交通环境，通过智能诱导边缘标的不同工作状态变化，为在途车辆提供道路轮廓强化、行车主动诱导、防止追尾警示等功能。

(3)智慧服务区

高速公路沿途的服务区是出行用户休息、餐饮和住宿的重要服务提供机构，但目前大多数服务区为自主经营，无法提供预约服务。为了给用户提供更好的使用体验，同时，也可以使用户享受不同地区的服务区提供的差异化特色服务，构建完善的服务区预约服务体系，通过道路状态以及用户定位信息，服务区可以预测用户到达时间，这些可以提高服务质量，增加服务区竞争力。另外，用户反馈的满意度信息也有助于服务区改善自己的管理制度和服务方式。在停车方面，可通过在出入口布设卡扣相机进行车辆抓拍，采用智能算法动态计算服务区的停车数量，并在入口前方设置LED显示屏，实时对服务区的剩余停车数量进行发布。

(4)车路协同服务

智能车路协同系统的建立，对满足高速公路各单位相关业务管理的信息化、智能化具有十分现实的意义。在车路协同场景下，可提供给公众的服务如下：

①在道路交叉口、合流区、弯道等事故多发地段，为行驶车辆提供视野盲区内的交通信息、车辆行驶信息等。

②将道路数据与交通标牌信息发送给车辆，对车辆进行及时提醒。

③及时通知道路行驶车辆，为紧急车辆让行等。

目前，车路协同尚处于研发阶段，应用场景仍不太明晰，随着智慧化进程的快速发展，智能车路协同将会为公众提供更多良好的信息服务。

④系统架构

以知识决策型智慧高速运营与服务管理生态系统为建设理念，用互联网的思维进行价值探寻和规划，系统要求不仅在接入流量、环境、事件、视频等数据后做简单分析，而且要进一步记录全部数据的使用行为，充分利用人工智能技术、数据挖掘技术、计算机视觉技术、深度学习技术、大数据分析技术等先进的计算机技术，对数据做深度挖掘和智能分析，并对各类分析和应用结果做深度融合，将由传统的需要人工干预与判断的内容转为通过对知识的深度挖掘与智能分析来实现,使平台的自动化程度有整体提升,并采用场景智能高分可视化和三维 GIS 的虚拟现实可视化技术,使系统的可视化水平达到用户满意的程度。

整个系统建设划分为六个层次,以实现基于"互联网 +"的高速公路运营与服务智能化管理生态系统的数据集成、功能集成与应用集成等协同管理。

a. 软硬件支撑。

硬件支撑采用混合云与本地设施相结合的方式,选取满足需求的公有云厂家,将系统产生的监控信息、视频等量大且无隐私的数据保存到公有云之上,以实现计算资源、网络资源、存储资源与服务资源的统一划分和管理;将系统产生的实时性与敏感性较高的数据(如收费数据)保存在本地进行存储。支撑软件应至少包括操作系统、数据库、GIS 平台、中间件等,对该类支撑软件采取统一规划建设。

b. 网络与安全。

基于基础硬件支撑,构建满足安全等要求的路段网络与信息安全体系。

c. 智慧感知。

智慧感知是指从数据源采集的各类业务数据信息。涉及的业务信息包括视频信息、交通量/速度信息、气象/能见度信息、车辆位置信息、突发事件信息、隧道专有采集信息、收费数据等,以及高速公路地理信息、收费站、服务区、路桥隧等交通基础信息及沿线设施信息、外场设备信息等。数据采集层为各类综合应用系统提供了数据支撑。

d. 交通云控数据管理中心。

基于公有云与本地化存储相结合的硬件支撑平台架构,搭建统一的交通云控数据管理中心,整合接入高速公路各类外场设备采集的数据,利用成熟的数据模型分析算法,为高速公路出行者和管理者提供统一、安全、可靠、快速、便捷、透明的智能高速公路交通相关数据,实现后台数据挖掘与分析、信息交换与共享、多源数据的融合贯通等功能。

e. 智慧管理与服务。

构建面向管理者的平台集成管理门户以及多个整合完成的应用系统,建设面向社会公众的多类出行信息服务系统。

f. 接口。

平台应具备与行业主管部门、与相关行业、与相关信息化系统、与互联网企业等的对接功能。"互联网 +"高速公路是在互联网技术的支持下,对交通资源进行整合,在互联网与交通运输行业深度融合的基础上,实现新的业态形式。本书构筑了"互联网 +"高速公路运营与服务智能化管理的新生态。"互联网 +"对智能交通的推动,主要是让大数据信息技术融入智能交通领域的应用发展中,从而提高智能交通对相关信息的收集、分析与融合能力,充分挖掘大数据信息的巨大价值,并通过这些信息的传输分享,增强整体交通系统的运行效率与个人出行的应变能力,从而为传统机电系统逐步升级为智慧化应用成为可能。目前,该生态系统仍处于初级阶段,它是以高速公路管理机构为中心,通过互联网融入相关机构,未来会有更多信息主体加入其中,这对高速公路产业的未来发展具有借鉴意义。

5)智慧高速公路总体设计

(1)建设定位

对于智慧高速公路,其功能定位主要为将高速公路和互联网整合到一起,为公路及运输管理、保证交通安全等提供高品质服务,同时强调民众体验。

(2)建设目标

①对于智慧高速公路,其建设目标在于为省域路网实现安全畅通提供高水平的管理手段,以此实现智能化与信息化。

②为路网应急事件的处置提供可靠的信息化支持。

③为路网的发展规划、建设施工和运营管理提供可靠的决策支持。

④为不同行业提供丰富的业务支持。

⑤为民众日常出现提供优质信息服务。

⑥为综合交通运营提供高品质服务。

(3)建设任务

根据项目建设需求及定位,要对任务施以细化处理,包括以下几点:

①构建省级和市级数据中心,使不同业务之间实现信息共享,建成覆盖整个省域范围的信息服务平台。

②对基础传输网络进行完善,基于现有通信传输网络,加设无线移动系统,以此提供车内上网及车路通信全新功能。

③创建数据库。在智慧高速公路中,主要有四个类型的数据库,即基础数据库、动态数据库、业务数据库、主题数据库。

④构建数据灾备中心。在正确认识数据重要作用的基础上,构建完善的灾备中心,借此对省级和市级相关数据实施备份。

⑤做好基础数据的汇总和标准化处理。把与智慧高速公路具有关联的数据都汇集到省级和市级的数据中心,同时确保数据表达保持唯一,并在全省范围内达到统一,对数据做必要的标准化处理之后将其存储到数据库当中。

⑥和其他部门产生的标准化数据进行共享,包括管理、气象、医疗和其他运输企业,都应和上级部门实现数据信息共享。

⑦构建完善的基础保障体系,包括信息化标准规范保障体系、安全保障体系与运营维护管理保障体系。相关经验表明,这是保证智慧高速公路得以健康、稳定发展的基础保障,需要引起相关人员的高度重视。

(4)总体框架

针对智慧高速公路,其总体框架主要包含以下四个层次:

第一个层次是信息采集层,主要是对各类数据进行采集,同时将采集到的数据上报至数据中心。这些数据主要包括:现场检测设备基础数据、公路养护及管理工作数据、其他各个行业的共享信息。

第二个层次是信息传输层,有光纤通信与无线通信两种方式。

第三个层次是支撑资源层,对于省级和市级的数据中心,其主要作用在于对数据进行汇集存储,并提供支撑平台。对数据进行存储时,主要包括两种形式,即集群存储与结构化存储。其中,对于结构化存储,其在非视频类数据处理中常用,而集群存储则用于对视频类数据进行实时采集。

第四个层次是应用服务层,由业务综合管理、路网运行实时监测和控制、路网应急事件处置、辅助决策支持、出行信息服务几个部分组成。

就智慧高速公路而言，信息技术不断发展和更新，其发展趋势为构建一条信息化的综合服务走廊，不仅要实现实时信息发布，而且要使管理中心和车载智能终端能够实现信息交互，使路侧智能终端和车载智能终端能够实现信息交互，以此得到开放式与互联式的新型高速公路系统，使人、车、路与环境实现真正意义上的智能协同。另外，为出行人员实时提供所有类型的信息服务，使服务实现个性化，包括主动安全预警与动态行车导航，使高速公路系统的运营管理能获取理想增值收益，最终实现对经济效益的有效提升。

智慧高速公路是当前高速公路建设与发展的重要方向，对提升高速公路的服务水平具有重要作用，在实际的设计工作中，应做好建设定位、确定建设目标与任务，并建立包含信息采集、信息传输、支撑资源与应用服务在内的总体框架。

附　　录

附录1　调查问卷

公路交通规划社会满意度调查问卷(1)

您好！为了解全国公路交通规划工作的社会满意度水平，使其更好地服务于社会和经济的发展，交通运输部组织全国代表性省市的社会调查，山东省为本次调查的代表性省市之一。下面耽误您几分钟时间，请您认真填写以下问题。您的回答对我们非常重要，我们将为您保密！谢谢合作！

1. 您居住在哪个地区？

____

2. 您的年龄(　　)

A. 18 岁以下　　B. 18 ~ 25 岁　　C. 26 ~ 45 岁
D. 46 ~ 60 岁　　E. 60 岁以上

3. 您的性别(　　)

A. 男　　B. 女

4. 您的最高学历(　　)

A. 初中及以下　　B. 高中或中专　　C. 大专或大学本科
D. 研究生及以上

5. 您的职业(　　)

A. 学生　　B. 教师　　C. 公务员　　D. 工人
E. 农民　　F. 公司员工　　G. 其他

6. 您的月收入水平(　　)

A. 1000 以下　　B. 1000 ~ 2000　　C. 2000 ~ 3000
D. 3000 ~ 5000　　E. 5000 ~ 10000　　F. 10000 以上

7. 您对公路规划是否熟悉(　　)

A. 从未接触过　　B. 稍微有些了解　　C. 有些了解
D. 了解较多　　E. 很熟悉

8. 您目前所从事的工作是否有与公路规划相关的部分(　　)

A. 有　　B. 没有　　C. 间接相关

9. 从您的角度，您希望公路交通规划满足社会需要的程度应当达到(　　)

A. 没有希望　　B. 满足一点就行　　C. 基本满足就行
D. 希望较好地满足需要　　E. 希望满足全部需要

10. 您对当前公路规划中土地利用合理性的评价是(　　)

A. 非常不满意　　B. 不满意　　C. 一般

D. 比较满意　　E. 非常满意

11. 您对当前公路规划中公路网布局合理性的评价是(　　)

A. 非常不满意　　B. 不满意　　C. 一般

D. 比较满意　　E. 非常满意

12. 您对当前公路规划中技术等级构成合理性的评价是(　　)

A. 非常不满意　　B. 不满意　　C. 一般

D. 比较满意　　E. 非常满意

13. 您对当前公路规划中高速公路建设顺序合理性的评价是(　　)

A. 非常不满意　　B. 不满意　　C. 一般

D. 比较满意　　E. 非常满意

14. 您对山东省公路规划中交通枢纽规划合理性的评价是(　　)

A. 非常不满意　　B. 不满意　　C. 一般

D. 比较满意　　E. 非常满意

15. 您对当前公路规划中对环境、生态保护重视程度的评价是(　　)

A. 非常不满意　　B. 不满意　　C. 一般

D. 比较满意　　E. 非常满意

16. 您对上面这些问题在规划领域的重要性评价是(　　)

合理的土地利用	A. 非常不重要	B. 不重要	C. 一般	D. 比较重要	E. 非常重要
合理的公路网布局	A. 非常不重要	B. 不重要	C. 一般	D. 比较重要	E. 非常重要
合理的技术等级构成	A. 非常不重要	B. 不重要	C. 一般	D. 比较重要	E. 非常重要
合理的建设顺序	A. 非常不重要	B. 不重要	C. 一般	D. 比较重要	E. 非常重要
合理的枢纽规划	A. 非常不重要	B. 不重要	C. 一般	D. 比较重要	E. 非常重要
高度重视环境、生态保护	A. 非常不重要	B. 不重要	C. 一般	D. 比较重要	E. 非常重要

17. 您认为以当前的投入程度,公路规划发挥的作用(　　)

A. 没有作用　　B. 较小的作用　　C. 一般

D. 较大的作用　　E. 非常重要的作用

18. 您认为对公路规划工作应当(　　)

A. 没必要重视　　B. 稍微重视一下就行了　　C. 给予一定的重视

D. 给予高度重视　　E. 非常重视

19. 与水路、铁路、航空等其他行业基础设施规划工作相比,您认为公路规划工作的效果(　　)

A. 非常差　　B. 较差　　C. 差不多相当

D. 较好　　E. 非常好

20. 您对当前公路规划的总体满意度为(　　)

A. 非常不满意　　B. 不满意　　C. 一般

D. 比较满意　　E. 非常满意

21. 您对当前公路规划所体现出的交通系统社会责任感评定为(　　)

A. 没有　　B. 较低　　C. 一般

D. 较高　　E. 很高

22. 您对公路规划工作的信任度为(　　)

A. 不信任　　B. 有所怀疑　　C. 一般

D. 比较信任　　E. 非常信任

不满意点汇总：

____

____

____

公路交通建设、管理、养护社会满意度调查问卷(2)

您好！为了解全国公路交通建设、管理及养护工作的社会满意度水平,使其更好地服务于社会和经济的发展,交通运输部组织全国代表性省市的社会调查,山东省为本次调查的代表性省市之一。下面耽误您几分钟时间,请您认真填写以下问题。您的回答对我们非常重要,我们将为您保密！谢谢合作！

1. 您居住在哪个地区？

____

2. 您的年龄(　　)

A. 18 岁以下　　B. 18 ~25 岁　　C. 26 ~45 岁
D. 46 ~60 岁　　E. 60 岁以上

3. 您的性别(　　)

A. 男　　B. 女

4. 您的最高学历为(　　)

A. 初中及以下　　B. 高中或中专　　C. 大专或大学本科
D. 研究生及以上

5. 您的职业是(　　)

A. 学生　　B. 教师　　C. 公务员　　D. 工人
E. 农民　　F. 公司员工　　G. 其他

6. 您的月收入水平为(　　)

A. 1000 元以下　　B. 1000 ~2000 元　　C. 2000 ~3000 元
D. 3000 ~5000 元　　E. 5000 ~10000 元　　F. 10000 元以上

7. 您(有/无)驾驶证,驾龄________年;您经常驾驶的车型为(A. 大型车;B. 小型车),该车是(A. 私家车;B. 公司或单位的车辆;C. 其他)。

8. 您是否经常在山东省内行驶(　　)

A. 第一次　　B. 偶尔　　C. 经常
D. 绝大多数时间

9. 您在山东省内行驶最多的是什么道路(　　)

A. 高速公路　　B. 一般公路
C. 农村公路　　D. 城镇道路

以下,了解一下您对公路交通基础设施建设工作的看法。

10. 从您的角度,您希望公路交通建设满足社会需要的程度应当达到(　　)

A. 没有希望　　B. 满足一点就行　　C. 基本满足就行
D. 希望较好地满足需要　　E. 希望满足全部需要

11. 您对当前公路建设质量的评价是(　　)

A. 非常不满意　　B. 不满意　　C. 一般
D. 比较满意　　E. 非常满意

12. 您对当前公路建设速度的评价是(　　)

A. 非常不满意　　B. 不满意　　C. 一般

D. 比较满意　　　　E. 非常满意

13. 公路建设监管是公路交通主管部门对于公路建设的质量、进度及环境保护等各方面情况的监督和管理。您对当前公路建设监管工作的评价是(　　)

A. 非常不满意　　　　B. 不满意　　　　C. 一般

D. 比较满意　　　　E. 非常满意

14. 公路建设对环境和生态可能产生一定的影响,公路建设中必须高度重视环境和生态的保护。您对当前公路建设中对环境、生态保护情况的评价是(　　)

A. 非常不满意　　　　B. 不满意　　　　C. 一般

D. 比较满意　　　　E. 非常满意

15. 按照您的想法,上面这些问题在公路建设领域的重要性是(　　)

良好的建设质量	A. 非常不重要	B. 不重要	C. 一般	D. 比较重要	E. 非常重要
合理的建设速度	A. 非常不重要	B. 不重要	C. 一般	D. 比较重要	E. 非常重要
良好的建设监管	A. 非常不重要	B. 不重要	C. 一般	D. 比较重要	E. 非常重要
良好的环境、生态保护	A. 非常不重要	B. 不重要	C. 一般	D. 比较重要	E. 非常重要

16. 您认为以当前的投入程度,公路建设发挥的作用(　　)

A. 没有作用　　　　B. 较小的作用　　　　C. 一般

D. 较大的作用　　　　E. 非常重要的作用

17. 您认为对公路建设工作应当(　　)

A. 没必要重视　　　　B. 稍微重视一下就行了　　　　C. 给予一定的重视

D. 给予高度重视　　　　E. 非常重视

18. 与水路、铁路、航空等行业基础设施建设工作相比,您认为公路建设工作的效果(　　)

A. 非常差　　　　B. 较差　　　　C. 差不多相当

D. 较好　　　　E. 非常好

19. 您对当前公路建设工作的总体满意度为(　　)

A. 非常不满意　　　　B. 不满意　　　　C. 一般

D. 比较满意　　　　E. 非常满意

20. 您对当前公路建设工作中所体现出的交通系统社会责任感评定为(　　)

A. 没有　　　　B. 较低　　　　C. 一般

D. 较高　　　　E. 很高

21. 您对公路交通建设工作中令您不满意之处的谅解程度为(　　)

A. 完全不能谅解　　　　B. 能够谅解小部分　　　　C. 基本能够谅解

D. 大部分能够谅解　　　　E. 完全谅解

不满意点汇总:

____

____

____

以下,了解一下您对公路交通管理工作的看法。

22. 从您的角度,您希望公路交通管理满足您需要的程度应当达到(　　)

A. 没有希望　　　　B. 满足一点就行　　　　C. 基本满足就行

D. 希望较好地满足需要　E. 希望满足全部需要

23. 公路配套设施是指护栏、标志、标线等设施的总称,是实现交通管理的重要手段。您对当前公路配套设施配置情况的评价是(　　)

A. 非常不满意　B. 不满意　C. 一般
D. 比较满意　E. 非常满意

24. 您对当前公路交通秩序的评价是(　　)

A. 非常不满意　B. 不满意　C. 一般
D. 比较满意　E. 非常满意

25. 您对当前公路交通信息服务工作的评价是(　　)

A. 非常不满意　B. 不满意　C. 一般
D. 比较满意　E. 非常满意

26. 您对当前公路交通紧急救助工作的评价是(　　)

A. 非常不满意　B. 不满意　C. 一般
D. 比较满意　E. 非常满意

27. 您对当前公路交通系统对于突发事件的应急能力的评价是(　　)

A. 非常不满意　B. 不满意　C. 一般
D. 比较满意　E. 非常满意

28. 您对当前公路交通安全情况的评价是(　　)

A. 非常不满意　B. 不满意　C. 一般
D. 比较满意　E. 非常满意

29. 方便、快捷(如能够方便的驶入,驶出高速公路、能够快速地到达目的地等)是公路交通的基本特点,您对当前公路系统方便、快捷实现情况的评价是(　　)

A. 非常不满意　B. 不满意　C. 一般
D. 比较满意　E. 非常满意

30. 按照您的想法,上面这些问题在公路管理领域的重要性是(　　)

合理的配套设施	A. 非常不重要	B. 不重要	C. 一般	D. 比较重要	E. 非常重要
良好的交通秩序	A. 非常不重要	B. 不重要	C. 一般	D. 比较重要	E. 非常重要
良好的信息服务	A. 非常不重要	B. 不重要	C. 一般	D. 比较重要	E. 非常重要
良好的紧急救助	A. 非常不重要	B. 不重要	C. 一般	D. 比较重要	E. 非常重要
充分的突发事件应急能力	A. 非常不重要	B. 不重要	C. 一般	D. 比较重要	E. 非常重要
良好的交通安全状况	A. 非常不重要	B. 不重要	C. 一般	D. 比较重要	E. 非常重要
方便、快捷	A. 非常不重要	B. 不重要	C. 一般	D. 比较重要	E. 非常重要

31. 您认为以当前的投入程度,公路管理发挥的作用(　　)

A. 没有作用　B. 较小的作用　C. 一般
D. 较大的作用　E. 非常重要的作用

32. 您认为对公路管理工作应当(　　)

A. 没必要重视　B. 稍微重视一下就行了　C. 给予一定的重视
D. 给予高度重视　E. 非常重视

33. 与水路、铁路、航空等行业基础设施管理工作相比,您认为公路管理工作的效果(　　)。

A. 非常差　　B. 较差　　C. 差不多相当
D. 较好　　E. 非常好

34. 您对当前公路管理工作的总体满意度为(　　)

A. 非常不满意　　B. 不满意　　C. 一般
D. 比较满意　　E. 非常满意

35. 您对当前公路管理工作中所体现出的交通系统社会责任感评定为(　　)

A. 没有　　B. 较低　　C. 一般
D. 较高　　E. 很高

36. 您对公路交通管理工作中令您不满意之处的谅解程度为(　　)

A. 完全不能谅解　　B. 能够谅解小部分　　C. 基本能够谅解
D. 大部分能够谅解　　E. 完全谅解

最后,了解一下您对公路交通养护工作的看法。

37. 从您的角度,您希望公路交通养护满足您需要的程度应当达到(　　)

A. 没有希望　　B. 满足一点就行　　C. 基本满足就行
D. 希望较好地满足需要　　E. 希望满足全部需要

38. 您对当前公路养护及时性的评价是(　　)

A. 非常不满意　　B. 不满意　　C. 一般
D. 比较满意　　E. 非常满意

39. 您对当前公路路面质量的评价是(　　)

A. 非常不满意　　B. 不满意　　C. 一般
D. 比较满意　　E. 非常满意

40. 您对当前公路桥梁状况的评价是(　　)

A. 非常不满意　　B. 不满意　　C. 一般
D. 比较满意　　E. 非常满意

41. 您对当前公路养护施工交通影响情况的评价是(　　)

A. 非常不满意　　B. 不满意　　C. 一般
D. 比较满意　　E. 非常满意

42. 您对当前公路美化、绿化情况的评价是(　　)

A. 非常不满意　　B. 不满意　　C. 一般
D. 比较满意　　E. 非常满意

43. 按照您的想法,上面这些问题在公路养护领域的重要性是(　　)

及时养护	A. 非常不重要	B. 不重要	C. 一般	D. 比较重要	E. 非常重要
保障良好的路面质量	A. 非常不重要	B. 不重要	C. 一般	D. 比较重要	E. 非常重要
保障良好的桥梁状况	A. 非常不重要	B. 不重要	C. 一般	D. 比较重要	E. 非常重要
养护施工对交通影响	A. 非常不重要	B. 不重要	C. 一般	D. 比较重要	E. 非常重要
良好的公路美化、绿化	A. 非常不重要	B. 不重要	C. 一般	D. 比较重要	E. 非常重要

44. 您认为以当前的投入程度，公路养护发挥的作用(　　)

A. 没有作用　　B. 较小的作用　　C. 一般

D. 较大的作用　　E. 非常重要的作用

45. 您认为对公路养护工作应当(　　)

A. 没必要重视　　B. 稍微重视一下就行了　　C. 给予一定的重视

D. 给予高度重视　　E. 非常重视

46. 与水路、铁路、航空等行业基础设施养护工作相比，您认为公路养护工作的效果(　　)

A. 非常差　　B. 较差　　C. 差不多相当

D. 较好　　E. 非常好

47. 您对当前公路养护工作的总体满意度为(　　)

A. 非常不满意　　B. 不满意　　C. 一般

D. 比较满意　　E. 非常满意

48. 您对当前公路养护工作中所体现出的交通系统社会责任感评定为(　　)

A. 没有　　B. 较低　　C. 一般

D. 较高　　E. 很高

49. 您对公路养护工作中令您不满意之处的谅解程度为(　　)

A. 完全不能谅解　　B. 能够谅解小部分　　C. 基本能够谅解

D. 大部分能够谅解　　E. 完全谅解

不满意点汇总：

____

____

____

农村公路服务社会满意度调查问卷(3)

您好！为了解全国农村公路建设、管理和养护工作的社会满意度水平，使其更好地服务于农村社会和经济的发展，交通运输部组织全国代表性省市的社会调查，山东省为本次调查的代表性省市之一。下面耽误您几分钟时间，请您认真填写以下问题。您的回答对我们非常重要，我们将为您保密！谢谢合作！

1. 您居住在哪个地区？

____

2. 您的年龄(　　)

A. 18 岁以下　　B. 18 ~ 25 岁　　C. 26 ~ 45 岁

D. 46 ~ 60 岁　　E. 60 岁以上

3. 您的性别(　　)

A. 男　　B. 女

4. 您的最高学历(　　)

A. 初中及以下　　B. 高中或中专　　C. 大专或大学本科

D. 研究生及以上

5. 您的职业(　　)

A. 学生　　B. 教师　　C. 公务员　　D. 工人

E. 农民　　F. 公司员工　　G. 其他

6. 您的月收入水平(　　)

A. 1000 元以下　　B. 1000 ~ 2000 元　　C. 2000 ~ 3000 元

D. 3000 ~ 5000 元　　E. 5000 ~ 10000 元　　F. 10000 元以上

7. 您(有/无)驾驶证，驾龄________年；您经常驾驶的车型为(A. 大型车；B. 小型车)，该车是(A. 私家车；B. 公司或单位的车辆；C. 其他)。

8. 您是否经常在山东省农村公路(县、乡、村道)上行驶(　　)

A. 第一次　　B. 偶尔

C. 经常　　D. 绝大多数时间

9. 从您的角度，您希望农村公路满足农村经济和社会需要的程度应当达到(　　)

A. 没有希望　　B. 满足一点就行　　C. 基本满足就行

D. 希望较好地满足需要　　E. 希望满足全部需要

10. 您对当前农村公路建设质量的评价是(　　)

A. 非常不满意　　B. 不满意　　C. 一般

D. 比较满意　　E. 非常满意

11. 您对当前农村公路管理工作的评价是(　　)

A. 非常不满意　　B. 不满意　　C. 一般

D. 比较满意　　E. 非常满意

12. 您对当前农村公路养护工作的评价是(　　)

A. 非常不满意　　B. 不满意　　C. 一般

D. 比较满意　　E. 非常满意

13. 按照您的想法，上面这些问题在公路建设领域的重要性是（　　）

良好的建设质量	A. 非常不重要	B. 不重要	C. 一般	D. 比较重要	E. 非常重要
良好的管理	A. 非常不重要	B. 不重要	C. 一般	D. 比较重要	E. 非常重要
良好的养护	A. 非常不重要	B. 不重要	C. 一般	D. 比较重要	E. 非常重要

14. 您认为以当前的投入程度，农村公路发挥的作用（　　）

A. 没有作用　　B. 较小的作用　　C. 一般

D. 较大的作用　　E. 非常重要的作用

15. 您认为对农村公路应当（　　）

A. 没必要重视　　B. 稍微重视一下就行了　　C. 给予一定的重视

D. 给予高度重视　　E. 非常重视

16. 与水路、铁路、航空等行业基础设施建设工作相比，您认为农村公路的效果（　　）

A. 非常差　　B. 较差　　C. 差不多相当

D. 较好　　E. 非常好

17. 您对当前农村公路所提供服务的总体满意度为（　　）

A. 非常不满意　　B. 不满意　　C. 一般

D. 比较满意　　E. 非常满意

18. 您对当前农村公路建设、管理、养护工作中所体现出的交通系统社会责任感评定为（　　）

A. 没有　　B. 较低　　C. 一般

D. 较高　　E. 很高

19. 您对农村公路工作中令您不满意之处的谅解程度为（　　）

A. 完全不能谅解　　B. 能够谅解小部分　　C. 基本能够谅解

D. 大部分能够谅解　　E. 完全谅解

不满意点汇总：

____

____

____

高速公路服务社会满意度调查问卷(4)

您好！为了解全国公路交通建设工作的社会满意度水平，使其更好地服务于社会和经济的发展，交通运输部组织了全国代表性省市的社会调查，山东省为本次调查的代表性省市之一。下面耽误您几分钟时间，请您认真填写以下问题。您的回答对我们非常重要，我们将为您保密！谢谢合作！

1.您居住在哪个地区？

____

2.您的年龄(　　)

A.18岁以下　　B.18~25岁　　C.26~45岁

D.46~60岁　　E.60岁以上

3.您的性别(　　)

A.男　　B.女

4.您的最高学历为(　　)

A.初中及以下　　B.高中或中专　　C.大专或大学本科

D.研究生及以上

5.您的职业是(　　)

A.学生　　B.教师　　C.公务员　　D.工人

E.农民　　F.公司员工　　G.其他

6.您的月收入水平为(　　)

A.1000元以下　　B.1000~2000元　　C.2000~3000元

D.3000~5000元　　E.5000~10000元　　F.10000元以上

7.您目前所从事的工作是否有与山东省(市)高速公路相关的部分(　　)

A.有　　B.没有　　C.间接相关

8.从您的角度，您希望高速公路服务满足社会需要的程度应当达到(　　)

A.没有希望　　B.满足一点就行　　C.基本满足就行

D.希望较好地满足需要　　E.希望满足全部需要

9.您对当前高速公路建设、管理、养护中对环境、生态保护重视程度的评价是(　　)

A.非常不满意　　B.不满意　　C.一般

D.比较满意　　E.非常满意

10.您对当前高速公路沿线的绿化美化的评价为(　　)

A.非常差　　B.差　　C.一般

D.好　　E.非常好

11.您对当前高速公路路面质量的评价为(　　)

A.非常差　　B.差　　C.一般

D.好　　E.非常好

12.您对高速公路两侧防护设施的评价为(　　)

A.非常差　　B.差　　C.一般

D. 好　　　　E. 非常好

13. 您对当前高速公路的收费时间的评价为(　　)

A. 很长　　　　B. 较长　　　　C. 一般

D. 快　　　　E. 很快

14. 您对高速公路应急事件的处理评价为(　　)

A. 非常不满意　　　　B. 不满意　　　　C. 一般

D. 比较满意　　　　E. 非常满意

15. 您对高速公路服务区的评价为(　　)

A. 非常不满意　　　　B. 不满意　　　　C. 一般

D. 比较满意　　　　E. 非常满意

16. 按照您的想法,上面这些问题在高速公路服务领域的重要性是(　　)

良好的绿化	A. 非常不重要	B. 不重要	C. 一般	D. 比较重要	E. 非常重要
良好的路面质量	A. 非常不重要	B. 不重要	C. 一般	D. 比较重要	E. 非常重要
良好的防护设施	A. 非常不重要	B. 不重要	C. 一般	D. 比较重要	E. 非常重要
快速的收费时间	A. 非常不重要	B. 不重要	C. 一般	D. 比较重要	E. 非常重要
及时的突发事件应急能力	A. 非常不重要	B. 不重要	C. 一般	D. 比较重要	E. 非常重要
良好的服务区服务	A. 非常不重要	B. 不重要	C. 一般	D. 比较重要	E. 非常重要

17. 在当前高速公路服务水平下,您对高速公路投入情况的评价为(　　)

A. 严重不足　　　　B. 不足　　　　C. 一般

D. 较好　　　　E. 非常好

18. 您对高速公路服务的总体满意度为(　　)

A. 非常不满意　　　　B. 不满意　　　　C. 一般

D. 比较满意　　　　E. 非常满意

19. 您对当前高速公路运营所体现出的交通系统社会责任感评定为(　　)

A. 没有　　　　B. 较低　　　　C. 一般

D. 较高　　　　E. 很高

20. 您对高速公路领域出现问题的谅解程度为(　　)

A. 完全不能谅解　　　　B. 能够谅解小部分　　　　C. 基本能够谅解

D. 大部分能够谅解　　　　E. 完全谅解

不满意点汇总:

____

____

____

附录2　问卷编码

公路交通规划社会满意度问卷编码手册

附表1

问卷编号	变量名称	变量标签	数值	变量值标签
	问卷编号		1～9999	
	调查时间		××××##**	
一、基本信息				
1	地区		文字	
2	年龄		A B C D E	18岁以下 18～25岁 26～45岁 46～60岁 60岁以下
3	性别		M F	男 女
4	学历		A B C D	
5	职业		A B C D E F G	
6	月收入		A B C D E F	1000元以下 1000～2000元 2000～3000元 3000～5000元 5000～10000元 10000元以上
二、其他信息				
7	Q01	对公路规划是否熟悉	A B C D E	从未接触过 稍微有些了解 有些了解 了解较多 很熟悉

续上表

8	Q02	工作是否与公路规划相关	A B C	有 没有
三、用户期望				
9	A01	对公路规划满足社会需要程度的期望	1 2 3 4 5	没有希望 满足一点就行 基本满足就行 希望较好地满足需要 希望满足全部需要
10	B01	土地利用合理性评价	1 2 3 4 5	非常不满意 不满意 一般 比较满意 非常满意
11	B02	公路网布局合理性评价	1 2 3 4 5	非常不满意 不满意 一般 比较满意 非常满意
12	B03	技术等级构成合理性评价	1 2 3 4 5	非常不满意 不满意 一般 比较满意 非常满意
13	B04	建设顺序合理性评价	1 2 3 4 5	非常不满意 不满意 一般 比较满意 非常满意
14	B05	交通枢纽规划合理性评价	1 2 3 4 5	非常不满意 不满意 一般 比较满意 非常满意
15	B06	环境生态保护重视程度评价	1 2 3 4 5	非常不满意 不满意 一般 比较满意 非常满意

续上表

四、感知质量权重				
16(01)	WB01	合理的土地利用	1 2 3 4 5	非常不重要 不重要 一般 比较重要 非常重要
16(02)	WB02	合理的公路网布局	1 2 3 4 5	非常不重要 不重要 一般 比较重要 非常重要
16(03)	WB03	合理的技术等级构成	1 2 3 4 5	非常不重要 不重要 一般 比较重要 非常重要
16(04)	WB04	合理的建设顺序	1 2 3 4 5	非常不重要 不重要 一般 比较重要 非常重要
16(05)	WB05	合理的交通枢纽规划	1 2 3 4 5	非常不重要 不重要 一般 比较重要 非常重要
16(06)	WB06	高度重视环境生态保护	1 2 3 4 5	非常不重要 不重要 一般 比较重要 非常重要
五、感知价值				
17	C01	公路规划发挥的作用	1 2 3 4 5	没有作用 较小的作用 一般 较大的作用 非常重要的作用

续上表

18	C02	对公路规划工作的重视程度	1 2 3 4 5	没必要重视 稍微重视一下就行了 给予一定的重视 给予高度重视 非常重视
19	C03	公路规划工作的效果	1 2 3 4 5	非常差 较差 差不多相当 较好 非常好
六、用户满意				
20	D01	公路规划总体满意度	1 2 3 4 5	非常不满意 不满意 一般 比较满意 非常满意
七、行业形象				
21	E01	社会责任感评定	1 2 3 4 5	没有 较低 一般 较高 很高
八、用户信任				
22	F01	对公路规划工作的信任度	1 2 3 4 5	不信任 有所怀疑 一般 比较信任 非常信任

公路交通建设、管理、养护社会满意度问卷编码手册

附表2

问卷编号	变量名称	变量标签	数值	变量值标签
	问卷编号		1～9999	
	调查时间		××××##**	
一、基本信息				
1	地区		文字	
2	年龄		A B C D E	18岁以下 18～25岁 26～45岁 46～60岁 60岁以下
3	性别		M F	男 女
4	学历		A B C D	初中及以下 高中或中专 大专或本科 研究生及以上
5	职业		A B C D E F G	学生 教师 公务员 工人 农民 公司员工 其他
6	月收入		A B C D E F	1000元以下 1000～2000元 2000～3000元 3000～5000元 5000～10000元 10000元以上
二、其他信息				
7	Q01 Q02 Q03 Q04	有无驾驶证 驾龄 驾驶车型 车辆归属	N Y 0～99 A B A B C	无 有 大型车 小型车 私家车 公司或单位车辆

续上表

8	Q05	行驶次数	A B C D	第一次 偶尔 经常 绝大多数
9	Q06	行驶最多的道路	A B C D	高速公路 一般公路 农村公路 城镇道路
公路建设社会满意度调查				
三、用户期望				
10	A01	对公路建设满足社会需要程度的期望	1 2 3 4 5	没有希望 满足一点就行 基本满足就行 希望较好地满足需要 希望满足全部需要
四、感知质量				
11	B01	公路建设质量评价	1 2 3 4 5	非常不满意 不满意 一般 比较满意 非常满意
12	B02	公路建设速度评价	1 2 3 4 5	非常不满意 不满意 一般 比较满意 非常满意
13	B03	公路建设监管评价	1 2 3 4 5	非常不满意 不满意 一般 比较满意 非常满意
14	B04	环境生态保护情况评价	1 2 3 4 5	非常不满意 不满意 一般 比较满意 非常满意
五、感知质量权重				
15(01)	WB01	好的建设质量	1 2 3 4 5	非常不重要 不重要 一般 比较重要 非常重要
15(02)	WB02	合理的建设速度	1 2 3 4 5	非常不重要 不重要 一般 比较重要 非常重要

续上表

15(03)	WB03	良好的建设监管	1 2 3 4 5	非常不重要 不重要 一般 比较重要 非常重要
15(04)	WB04	良好的环境生态保护	1 2 3 4 5	非常不重要 不重要 一般 比较重要 非常重要
六、感知价值				
16	C01	公路建设发挥的作用	1 2 3 4 5	没有作用 较小的作用 一般 较大的作用 非常重要的作用
17	C02	对公路建设工作的重视程度	1 2 3 4 5	没必要重视 稍微重视一下就行了 给予一定的重视 给予高度重视 非常重视
18	C03	公路建设工作的效果	1 2 3 4 5	非常差 较差 差不多相当 较好 非常好
七、用户满意				
19	D01	公路建设总体满意度	1 2 3 4 5	非常不满意 不满意 一般 比较满意 非常满意
八、行业形象				
20	E01	社会责任感评定	1 2 3 4 5	没有 较低 一般 较高 很高
九、用户信任				
21	F01	对公路建设工作的谅解度	1 2 3 4 5	完全不能谅解 能够谅解小部分 基本能够谅解 大部分能够谅解 完全谅解

续上表

公路交通管理社会满意度调查				
三、用户期望				
22	A01	对公路交通管理满足社会需要程度的期望	1 2 3 4 5	没有希望 满足一点就行 基本满足就行 希望较好的满足需要 希望满足全部需要
四、感知质量				
23	B01	公路配套设施评价	1 2 3 4 5	非常不满意 不满意 一般 比较满意 非常满意
24	B02	公路交通秩序评价	1 2 3 4 5	非常不满意 不满意 一般 比较满意 非常满意
25	B03	公路交通信息服务评价	1 2 3 4 5	非常不满意 不满意 一般 比较满意 非常满意
26	B04	紧急救助评价	1 2 3 4 5	非常不满意 不满意 一般 比较满意 非常满意
27	B05	突发事件应急能力评价	1 2 3 4 5	非常不满意 不满意 一般 比较满意 非常满意
28	B06	公路交通安全评价	1 2 3 4 5	非常不满意 不满意 一般 比较满意 非常满意

续上表

29	B07	方便快捷实现情况评价	1 2 3 4 5	非常不满意 不满意 一般 比较满意 非常满意
五、感知质量权重				
30(01)	WB01	合理的配套设施	1 2 3 4 5	非常不重要 不重要 一般 比较重要 非常重要
30(02)	WB02	良好的交通秩序	1 2 3 4 5	非常不重要 不重要 一般 比较重要 非常重要
30(03)	WB03	良好的信息服务	1 2 3 4 5	非常不重要 不重要 一般 比较重要 非常重要
30(04)	WB04	良好的紧急救助	1 2 3 4 5	非常不重要 不重要 一般 比较重要 非常重要
30(05)	WB05	充分的突发事件应急能力	1 2 3 4 5	非常不重要 不重要 一般 比较重要 非常重要
30(06)	WB06	良好的交通安全状况	1 2 3 4 5	非常不重要 不重要 一般 比较重要 非常重要
30(07)	WB07	方便、快捷	1 2 3 4 5	非常不重要 不重要 一般 比较重要 非常重要

续上表

六、感知价值				
31	C01	公路管理发挥的作用	1 2 3 4 5	没有作用 较小的作用 一般 较大的作用 非常重要的作用
32	C02	对公路管理工作的重视程度	1 2 3 4 5	没必要重视 稍微重视一下就行了 给予一定的重视 给予高度重视 非常重视
33	C03	公路管理工作的效果	1 2 3 4 5	非常差 较差 差不多相当 较好 非常好
七、用户满意				
34	D01	公路管理总体满意度	1 2 3 4 5	非常不满意 不满意 一般 比较满意 非常满意
八、行业形象				
35	E01	社会责任感评定	1 2 3 4 5	没有 较低 一般 较高 很高
九、用户信任				
36	F01	对公路管理工作的谅解度	1 2 3 4 5	完全不能谅解 能够谅解小部分 基本能够谅解 大部分能够谅解 完全谅解
公路交通养护社会满意度调查				
三、用户期望				
37	A01	对公路交通管理满足社会需要程度的期望	1 2 3 4 5	没有希望 满足一点就行 基本满足就行 希望较好的满足需要 希望满足全部需要

续上表

四、感知质量				
38	B01	公路养护及时性评价	1 2 3 4 5	非常不满意 不满意 一般 比较满意 非常满意
39	B02	公路路面质量评价	1 2 3 4 5	非常不满意 不满意 一般 比较满意 非常满意
40	B03	公路桥梁状况评价	1 2 3 4 5	非常不满意 不满意 一般 比较满意 非常满意
41	B04	公路养护施工交通影响情况评价	1 2 3 4 5	非常不满意 不满意 一般 比较满意 非常满意
42	B05	公路美化绿化情况评价	1 2 3 4 5	非常不满意 不满意 一般 比较满意 非常满意
五、感知质量权重				
43(01)	WB01	及时养护	1 2 3 4 5	非常不重要 不重要 一般 比较重要 非常重要
43(02)	WB02	保障良好的路面质量	1 2 3 4 5	非常不重要 不重要 一般 比较重要 非常重要

续上表

43(03)	WB03	保障良好的桥梁状况	1 2 3 4 5	非常不重要 不重要 一般 比较重要 非常重要
43(04)	WB04	养护施工对交通影响较小	1 2 3 4 5	非常不重要 不重要 一般 比较重要 非常重要
43(05)	WB05	良好的公路美化绿化	1 2 3 4 5	非常不重要 不重要 一般 比较重要 非常重要
六、感知价值				
44	C01	公路养护发挥的作用	1 2 3 4 5	没有作用 较小的作用 一般 较大的作用 非常重要的作用
45	C02	对公路养护工作的重视程度	1 2 3 4 5	没必要重视 稍微重视一下就行了 给予一定的重视 给予高度重视 非常重视
46	C03	公路养护工作的效果	1 2 3 4 5	非常差 较差 差不多相当 较好 非常好
七、用户满意				
47	D01	公路养护总体满意度	1 2 3 4 5	非常不满意 不满意 一般 比较满意 非常满意

续上表

八、行业形象				
48	E01	社会责任感评定	1 2 3 4 5	没有 较低 一般 较高 很高
九、用户信任				
49	F01	对公路养护工作的谅解度	1 2 3 4 5	完全不能谅解 能够谅解小部分 基本能够谅解 大部分能够谅解 完全谅解

农村公路服务社会满意度问卷编码手册

附表 3

问卷编号	变量名称	变量标签	数值	变量值标签
	问卷编号		1～9999	
	调查时间		××××##**	
一、基本信息				
1	地区		文字	
2	年龄		A B C D E	18 岁以下 18～25 岁 26～45 岁 46～60 岁 60 岁以下
3	性别		M F	男 女
4	学历		A B C D	初中及以下 高中或中专 大专或本科 研究生及以上
5	职业		A B C D E F G	学生 教师 公务员 工人 农民 公司员工 其他
6	月收入		A B C D E F	1000 元以下 1000～2000 元 2000～3000 元 3000～5000 元 5000～10000 元 10000 元以上
二、其他信息				
7(01)	Q01 Q02 Q03 Q04	有无驾驶证 驾龄 驾驶车型 车辆归属	N Y 0～99 A B A B C	无 有 大型车 小型车 私家车 公司或单位车辆 其他
7(02)	Q05	行驶次数	A B C D	第一次 偶尔 经常 绝大数时间
三、用户期望				
8	A01	对农村公路满足社会需要程度的期望	1 2 3 4 5	没有希望 满足一点就行 基本满足就行 希望较好的满足需要 希望满足全部需要

续上表

四、感知质量				
9	B01	农村公路建设质量评价	1 2 3 4 5	非常不满意 不满意 一般 比较满意 非常满意
10	B02	农村公路管理工作评价	1 2 3 4 5	非常不满意 不满意 一般 比较满意 非常满意
11	B03	农村公路养护工作评价	1 2 3 4 5	非常不满意 不满意 一般 比较满意 非常满意
五、感知质量权重				
12(01)	WB01	好的建设质量	1 2 3 4 5	非常不重要 不重要 一般 比较重要 非常重要
12(02)	WB02	良好的管理	1 2 3 4 5	非常不重要 不重要 一般 比较重要 非常重要
12(03)	WB03	良好的养护	1 2 3 4 5	非常不重要 不重要 一般 比较重要 非常重要
六、感知价值				
13	C01	农村公路发挥的作用	1 2 3 4 5	没有作用 较小的作用 一般 较大的作用 非常重要的作用
14	C02	对农村公路的重视程度	1 2 3 4 5	没必要重视 稍微重视一下就行了 给予一定的重视 给予高度重视 非常重视
15	C03	农村公路的效果	1 2 3 4 5	非常差 较差 差不多相当 较好 非常好

续上表

七、用户满意				
16	D01	农村公路总体满意度	1 2 3 4 5	非常不满意 不满意 一般 比较满意 非常满意
八、行业形象				
17	E01	社会责任感评定	1 2 3 4 5	没有 较低 一般 较高 很高
九、用户信任				
18	F01	对农村公路工作的谅解度	1 2 3 4 5	完全不能谅解 能够谅解小部分 基本能够谅解 大部分能够谅解 完全谅解

高速公路服务社会满意度问卷编码手册

附表 4

问卷编号	变量名称	变量标签	数值	变量值标签
	问卷编号		1～9999	
	调查时间		××××##**	
一、基本信息				
1	地区		文字	
2	年龄		A B C D E	18 岁以下 18～25 岁 26～45 岁 46～60 岁 60 岁以下
3	性别		M F	男 女
4	学历		A B C D	初中及以下 高中或中专 大专或本科 研究生及以上
5	职业		A B C D E F G	学生 教师 公务员 工人 农民 公司员工 其他
6	月收入		A B C D E F	1000 元以下 1000～2000 元 2000～3000 元 3000～5000 元 5000～10000 元 10000 元以上
二、其他信息				
7	Q01	所从事工作是否与高速公路相关	A B C	有 没有 其他
三、用户期望				
8	A01	对高速公路满足社会需要程度的期望	1 2 3 4 5	没有希望 满足一点就行 基本满足就行 希望较好的满足需要 希望满足全部需要
四、感知质量				
9	B01	高速公路沿线绿化美化的评价	1 2 3 4 5	非常不满意 不满意 一般 比较满意 非常满意

续上表

10	B02	高速公路路面质量的评价	1 2 3 4 5	非常不满意 不满意 一般 比较满意 非常满意
11	B03	高速公路两侧防护设施的评价	1 2 3 4 5	非常不满意 不满意 一般 比较满意 非常满意
12	B04	高速公路的收费时间的评价	1 2 3 4 5	非常不满意 不满意 一般 比较满意 非常满意
13	B05	高速公路应急事件的处理评价	1 2 3 4 5	非常不满意 不满意 一般 比较满意 非常满意
14	B06	高速公路服务区的评价	1 2 3 4 5	非常不满意 不满意 一般 比较满意 非常满意
五、感知质量权重				
15(01)	WB01	好的沿线美化绿化	1 2 3 4 5	非常不重要 不重要 一般 比较重要 非常重要
15(02)	WB02	好的路面质量	1 2 3 4 5	非常不重要 不重要 一般 比较重要 非常重要
15(03)	WB03	良好的防护设施	1 2 3 4 5	非常不重要 不重要 一般 比较重要 非常重要
15(04)	WB04	快速便捷的收费	1 2 3 4 5	非常不重要 不重要 一般 比较重要 非常重要

续上表

15(05)	WB05	良好的应急事件处理能力	1 2 3 4 5	非常不重要 不重要 一般 比较重要 非常重要
15(06)	WB06	良好的高速公路服务区服务	1 2 3 4 5	非常不重要 不重要 一般 比较重要 非常重要
六、感知价值				
16	C01	对环境、生态保护的重视程度	1 2 3 4 5	没必要重视 稍微重视一下就行了 给予一定的重视 给予高度重视 非常重视
17	C02	对高速公路投入情况的评价	1 2 3 4 5	严重不足 不足 一般 较好 非常好
七、用户满意				
18	D01	高速公路总体满意度	1 2 3 4 5	非常不满意 不满意 一般 比较满意 非常满意
八、行业形象				
19	E01	社会责任感评定	1 2 3 4 5	没有 较低 一般 较高 很高
九、用户信任				
20	F01	对高速公路工作的谅解度	1 2 3 4 5	完全不能谅解 能够谅解小部分 基本能够谅解 大部分能够谅解 完全谅解

附录3　满意度分级含义

公路交通服务社会满意度调查中，采用5级量表测量用户满意程度，分别为非常不满意、不满意、一般、比较满意、非常满意。各满意度级别的含义见下表。

公路交通服务社会满意度分级　　附表5

满意度级别	分　值	含　义
非常不满意	0～40	用户所获得的公路交通服务远远低于用户的期望，用户的需求全都无法满足，用户感到愤怒并进行投诉，拒绝再次接受服务
不满意	40～60	用户所获得的公路交通服务低于用户的期望，用户的需求大部分不能得到满足，用户抱怨较多，不愿意再次接受服务
一般	60～75	用户所获得的公路交通服务符合用户的期望，用户的需求部分得到满足，用户出现抱怨，但仍愿意再次接受服务
比较满意	75～90	用户所获得的公路交通服务超过用户的期望，用户的需求大部分得到满足，用户抱怨较少，愿意再次接受服务
非常满意	90～100	用户所获得的公路交通服务大大超过用户的期望，用户的需求全部得到满足，用户感到愉悦，非常愿意再次接受服务

参 考 文 献

[1] 美国交通部联邦公路管理局. 美国高速公路运营管理手册[M]. 卢毅,李珏,等,译. 北京:人民交通出版社,2009.

[2] Yedle S. Shrestha R M. Mulucriteria approach for the selection of alternative options for environmentally sustainable transport system in Delhi [J]. Transp ortation ResearhPart A Policy and Practice,2003,37(8):717-729.

[3] Y Helge Rordam Olesen,Joseph C. Chang. Consolidating tools for modle evalution[J]. Internation Journal of Enviroment and Pollution,2010,40(1):46-58.

[4] Ivana Nedevska,Slobodan Ognjenovic,Vera Murgul. Methodology for Analysing Capacity and Level of Service for Roundabouts with one Lane (HCM 2000)[J]. Procedia Engineering, 2017(8),187.

[5] Fang Clara Fang,Kelly Pecheux. Fuzzy Data Mining Approch for Quantifying Singnalized Intersection Level of Services Based on User Perceptions[J]. Journal of Transportation Engineering,2009,135(6):123-136.

[6] 高速公路营运服务质量评价体系的研究课题组. 高速公路营运服务质量评价体系研究报告[R]. 广州:广东交通职业技术学院,2002.

[7] 上海市市政工程局. 上海市公路设施综合评价指标[R]. 上海:上海市市政工程局,2003.

[8] 李晓伟. 高速公路服务系统评价研究[D]. 西安:长安大学,2009.

[9] 邹群,邹国平,俞礼军. 高速公路服务客户满意度评价[J]. 交通运输工程学报,2009(6):80-86.

[10] 赵君莉,王建伟. 高速公路服务区服务水平评价方法研究[J]. 中外公路,2010(4):6-309.

[11] 林勋亮. 顾客导向的高速公路服务质量测量体系探索性研究[J]. 管理评论,2012(8):135-144.

[12] 周黎明. 高速公路服务质量及顾客容忍区实证研究[D]. 成都:西南交通大学,2013.

[13] 谭练武. 高速公路系统服务状况多级综合评价[J]. 公路,2015(4):184-188.

[14] 王殊. 面向用户的高速公路服务区综合评价研究[J]. 公路交通科技,2016(2):125-129.

[15] 冯玉荣,杨少伟,张驰,等. 高速公路交织区服务水平敏感性分析[J]. 公路交通科技,2017(1):103-111.

[16] 汪雪波,李明惠,卢晓春. 高速公路营运服务质量评价体系[J]. 广东公路交通,2006(4):56-60.

[17] 韩先科,蔡建华. 高速公路服务质量的理论与分析[J]. 交通标准化,2005(10):137-141.

[18] 王志强. 高速公路运输服务体系配置初究[D]. 西安:长安大学,2006.

[19] 范铭.高速公路服务水平分析与服务质量综合评价研究[D].湖南:长沙理工大学,2017.

[20] 方振邦,黄玉玲.管理学[M].北京:人民邮电出版社,2017.

[21] 迈克尔·波特.竞争战略[M].陈小悦,译.北京:华夏出版社, 2010.

[22] 金勇进.满意度评估系统应用研究[M].北京:中国统计出版社, 2007.

[23] 董海军.社会调查与统计[M].武汉:武汉大学出版社,2009.

[24] 吴明隆.问卷统计分析实务[M].重庆:重庆大学出版社,2010.

[25] 徐国祥.统计预测和决策[M].上海:上海财经大学出版社,2016.

[26] 张文彤.SPSS 统计分析基础教程[M].北京:高等教育出版社,2017.

[27] 吴明隆.结构方程模型:AMOS 的操作与应用[M].四川:重庆大学出版社,2017.

[28] 冯志强.企业战略管理[M].北京:清华大学出版社,2015.

[29] 公维才,王娴娴.新旧动能转换初探——以山东省为例[J].聊城大学学报(社会科学版),2018(5):114-117.

[30] 习近平.以信息化培育新动能 用新动能推动新发展 以新发展创造新辉煌[N].人民日报,2018-04-23.

[31] 许云飞.山东交通新旧动能的诠释及其转换的思考[J].山东交通学院学报,2018(1):1-8.

[32] Mari Carmen Domingo. An overview of the Internet of Things for People With disabilities [J]. Journal of Network and Computer Applications,2012,35(2):584-596.

[33] 杨正洪.智慧城市:大数据、物联网和云计算之应用[M].北京:清华大学出版社,2014.

[34] M Kim,D Y Kim. AN intelligent agent for ubiquitous computing environments;smart home UT-AGENT[C]. In Proceedings of IEEE Workshop on Software Technologies for Future Embedded and Ubiquitous Systems,2004:157-159.

[35] 关勇.物联网行业发展分析[D].北京:北京邮电大学,2010.

[36] 杨娟.基于物联网的四川高速公路智慧交通系统设计[D].成都:西南交通大学,2017.